Franz Kamphaus

Entschieden leben

Was ich im Taufbekenntnis verspreche

Mit einem Beitrag
von Gotthard Fuchs

Herder Freiburg · Basel · Wien

Quellennachweis: Seite 19: Martin Luther: Weimarer Ausgabe 37, 616. – Teilhard de Chardin, aus: Werke. Band 2: Das göttliche Milieu, Walter-Verlag, Olten – Freiburg, ¹⁰1985, 117–120. – *Seite 20:* Hildegard von Bingen, aus: Dorothee Sölle, O Grün des Fingers Gottes, Peter Hammer Verlag, Wuppertal, 1989, 6. – *Seite 21:* Thomas von Aquin, Summa theologiae I, 8, 2, ad 3. – Chassidische Erzählung, aus: Martin Buber, Die Erzählungen der Chassidim, Manesse Verlag, Zürich 1949, 210. – Ernesto Cardenal, Die Stunde Null, Peter Hammer Verlag, Wuppertal, 1979. – *Seite 30:* Überlieferung der Mönchsväter, aus: Lebenshilfe aus der Wüste, Verlag Herder, Freiburg i. Br., ³1983, 120. – *Seite 31:* Thomas Morus, aus: Die Briefe des Sir Thomas More, Verlag Benziger, Einsiedeln – Köln, 1949, 196. – Gregor der Große, Brief I, 43 an Leander von Sevilla. – *Seite 32:* Karl Rahner, Kirche in säkularisierter Umwelt, in: Herder Korrespondenz, Verlag Herder Freiburg i. Br., 1977, 607–614. – Paul Roth, aus: Hans Schaller, Wie finde ich meinen Weg. Eine christliche Lebenshilfe, Matthias Grünewald Verlag, Mainz, 1986, 18. – *Seite 42 f:* Jochen Klepper, aus: Ziel der Zeit. Die gesammelten Gedichte, Luther-Verlag, Bielefeld, ⁴1987, 237. – Richard Rohr, aus: Der wilde Mann. Geistliche Reden für Männerbefreiung, Claudius-Verlag, München, ¹²1990, 71. – Heinrich Böll, aus: H. Böll / D. Sölle / L. Böhmer, Politische Meditationen zu Glück und Vergeblichkeit, Luchterhand Verlag, Darmstadt – Neuwied, 1973, 70 f. – *Seite 52:* Marie Luise Kaschnitz, aus: Steht noch dahin, Insel Verlag, Frankfurt a. M., 1970, 21. – Erich Fried, aus: Klaus Wagenbach Verlag, Berlin. – *Seite 53:* Albrecht Goes, aus: Lichtschatten du. Gedichte aus fünfzig Jahren, © S. Fischer Verlag GmbH, Frankfurt a. M., 1978. – Rose Ausländer, aus: Wieder ein Tag aus Glut und Wind. Gedichte 1980–1982, © S. Fischer Verlag GmbH, Frankfurt a. M., 1986. – Mein Venedig versinkt nicht. S. Fischer Verlag, Frankfurt a. M., 1982. – *Seite 63:* Chassidische Erzählung, aus: Martin Buber, Die Erzählungen der Chassidim, Manesse Verlag, Zürich 1949, 210. – Fridolin Stier, aus: Vielleicht ist irgendwo Tag. Aufzeichnungen II. Kerle Verlag, Freiburg i. Br., ⁵1986. – *Seite 72:* Dietrich Bonhoeffer, aus: Widerstand und Ergebung. Briefe und Aufzeichnungen aus der Haft, Chr. Kaiser Verlag, München, 1985. – *Seite 73:* Sören Kierkegaard, aus: Die Tagebücher 1834–1855, Kösel-Verlag, München, ⁴1948. – Elie Wiesel, aus: Die Nacht zu begraben, Elischa. Nacht, Morgengrauen, Tag, Bechtle-Verlag, München – Eßlingen, 1962.

Bildnachweis: Seite 8: Menne/foto–present Essen. – Seite 10: Georg Meistermann, Sendung des Heiligen Geistes, Glasbildwand der Kirche St. Kilian, Schweinfurt. – Seite 22: KNA-Bild Frankfurt a. M. – Seite 34: Begegnung des Auferstandenen mit Maria von Magdala, Kapetill der Kathedrale St-Lazare, Autun. – Seite 44: Heinrich Gerhard Bücker, Kreuz als Lebensbaum, Fenster der Stiftskirche, Freckenhorst. – Seite 54: Herzog/foto-present Essen. – Seite 64: Ernst Barlach, Das schmerzzerrissene Gesicht des Vaters, Eiche, Teil des Ehrenmals, Magdeburg. – Seite 76: KNA-Bild Frankfurt a. M. – Umschlag: foto-present Essen.

© Verlag Herder Freiburg im Breisgau 1991
Herstellung: Freiburger Graphische Betriebe 1991
ISBN 3-451-22418-6

Inhalt

Einführung

Wie ein Eingangstor eröffnet die Taufe den Zugang zur Kirche. Wir haben es zumeist nicht bewußt durchschritten, sondern sind auf den Armen der Eltern durch dieses Tor getragen worden. Nur wenige haben eine Erinnerung an die eigene Taufe. Und die Auseinandersetzung mit den Inhalten des Taufgeschehens findet, wenn überhaupt, zu einem viel späteren Zeitpunkt statt. Vielleicht ist die jährliche Tauferneuerung in der Osternacht oder eine Taufe im Bekanntenkreis ein Grund zu fragen, was eigentlich bei der eigenen Taufe geschehen ist. Wie komme ich dazu, Christ zu sein, Christ sein und bleiben zu wollen? Was heißt: Ich bin getauft auf den Heiligen Geist, auf Jesus Christus, auf Gott den allmächtigen Vater? Bei diesen Fragen will das vorliegende Buch eine Hilfe sein.

Es wendet sich zugleich an jene, die – aus welchen Gründen auch immer – die Taufe noch nicht empfangen haben. Das sind in unserem Land inzwischen viele Menschen. Ihnen möchte das Buch die Grundzüge der Entscheidung aufzeigen, die mit der Taufe verbunden ist.

Taufe, das ist mehr als der Anlaß für ein nettes Familienfest, eine Tradition, an der man aus verwandtschaftlichen Rücksichten oder Gewohnheit festhält.

4

Taufe ist eine, für den Christen *die* Grundentscheidung des Lebens. Sie fordert dazu heraus, aus der Vielzahl der heute kursierenden Angebote ein bestimmtes Lebenskonzept zu wählen. In der Taufe geht es um Pro und Kontra, um Ja oder Nein. Wozu stehe ich, in guten und in bösen Tagen? Was ist mir im Leben und auch fürs Sterben wichtig? Nur wenn ich weiß, wo ich stehe, kann ich auch widerstehen, Widerstand leisten. Die grundsätzliche Ausrichtung des Lebens ist gefragt. Ob es *meine* Entscheidung ist oder ob ich diese Entscheidung vorgreifend für mein Kind treffen kann – die Antwort sollte nach dem Lesen der folgenden Kapitel leichter fallen.

Das Credo der Christen ist aus der dreifachen Tauffrage nach dem Glauben an Gott den Vater, den Sohn und den Heiligen Geist erwachsen. Diese drei zentralen Glaubensartikel sollen im folgenden in sechs Schritten (zwei Kapitel für einen Glaubensartikel) ausgelegt werden, angefangen beim Bekenntnis zum Heiligen Geist. Ohne diesen Geist könnten wir weder Gott unseren Vater nennen noch Jesus Christus unseren Herrn. Die Kirche wendet sich, im Geist versammelt, durch Jesus Christus an den Vater. Daraus ergibt sich folgende Reihenfolge der Kapitel:

1. Geist, der lebendig macht
2. Unterscheidung der Geister
3. Jesus Christus, der Erstgeborene von vielen Brüdern und Schwestern
4. Jesus Christus, gestorben und auferstanden
5. Gott, unser Vater
6. Der allmächtige, ohnmächtige Gott

Alle sechs Kapitel sind im Vierschritt gegliedert. Sie setzen bei Alltagserfahrungen an, bei den Zeichen der Zeit. Im zweiten Schritt werden Elemente der Glaubens- und Kirchengeschichte ins Spiel gebracht, im dritten kommt die Bibel zu Wort. Von dort her geht der Weg wieder in den Alltag – mit Denkanstößen, die das Gespräch anregen können. Gerade der letzte Punkt bedarf der Ergänzung und Konkretisierung vor Ort.

Die erste Fassung dieses Buches ist als Hirtenwort an die Gemeinden des Bistums Limburg erschienen. Sie wurde für die vorliegende Ausgabe leicht überarbeitet. Gotthard Fuchs hat in einem Nachwort Anregungen für das gemeinsame Entdecken des Glaubens beigesteuert. Darin werden die vorliegenden sechs Kapitel zum Taufbekenntnis noch einmal „quergelesen" – zur Weiterarbeit mit diesem Buch auch in Gruppen.

Wann uns Gott aufgeht in den Umbrüchen und Aufbrüchen unseres Lebens, der Kirche und der Geschichte, wann wir Jesus entdecken als Herrn und Heiland unseres persönlichen Lebens und der Welt, das haben wir nicht in der Hand, das ist eine Gabe des Geistes. Doch wir können uns dafür bereit machen; dabei zu helfen, das versucht dieses Büchlein. Viele Anregungen aus Gesprächen sind darin eingegangen. Hoffentlich wird es auch viele Gespräche auslösen, solche Gespräche, die Wirkung zeigen, erfüllt vom Heiligen Geist, der lebendig macht.

Das Taufbekenntnis

Absage

Widersagen Sie dem Bösen,
um in der Freiheit der Kinder Gottes leben zu können?
Ich widersage.

Widersagen Sie den Verlockungen des Bösen,
damit es nicht Macht über Sie gewinnt?
Ich widersage.

Widersagen Sie dem Satan, dem Urheber des Bösen?
Ich widersage.

Zusage

Glauben Sie an Gott den Vater, den Allmächtigen,
den Schöpfer des Himmels und der Erde?
Ich glaube.

Glauben Sie an Jesus Christus,
seinen eingeborenen Sohn, unseren Herrn,
der geboren ist von der Jungfrau Maria,
der gelitten hat und begraben wurde,
von den Toten auferstand
und zur Rechten des Vaters sitzt?
Ich glaube.

Glauben Sie an den Heiligen Geist,
die heilige katholische Kirche,
die Gemeinschaft der Heiligen,
die Vergebung der Sünden,
die Auferstehung der Toten und das ewige Leben?
Ich glaube.

Komm, Heil'ger Geist, der Leben schafft,
erfülle uns mit deiner Kraft.
Dein Schöpferwort rief uns zum Sein:
Nun hauch uns Gottes Odem ein.

„Du bist mein Atem..."

Wenn wir atmen, machen wir ganz selbstverständlich Gebrauch von der Luft. Sie ist einfach da, wir denken gar nicht daran. Nur wenn uns Atemnot oder gar Asthma befällt, werden wir achtsamer auf diese kostbare Vorgabe unseres Lebens. Wenn die Atemwege belastet sind oder erkranken, spüren wir, wie wenig selbstverständlich es ist, in seinem Element zu sein.

Wir sehen die Luft nicht, wir sind schon von ihr umfangen, lassen uns von ihr tragen und atmen sie ein und aus. So leben wir. Ganz vergleichbar spricht die Bibel vom Geheimnis der Gegenwart Gottes: „In ihm leben wir, bewegen wir uns und sind wir" (Apg 17,28). Wer glaubt und das Credo spricht, fängt nicht bei Null an. Er macht Gebrauch von jenem guten Schöpferatem Gottes, den wir den heiligen und heilenden Geist nennen. „Du bist mein Atem, wenn ich zu dir bete!" Darum beten wir: „Atme in mir, du Heiliger Geist ..." Dort, wo der Geist Jesu am Werk ist, herrscht ein besonderes Klima – und in diesem Klima können wir glauben lernen, finden wir Mut zum Glaubensbekenntnis und Kraft zur Unterscheidung der Geister.

Deshalb wollen wir beim Buchstabieren des Taufversprechens bewußt mit dem Bekenntnis zum Heiligen Geist beginnen. Er läßt uns Gott unseren Vater nennen und Jesus Christus unseren Herrn. Die Richtung christlichen Hoffens und Betens ist eindeutig: im Heiligen Geist durch Jesus Christus zum Vater.

1 Geist, der lebendig macht

1. Energieströme

Mit dem Glauben an den Heiligen Geist tun wir uns schwer. Dabei gibt es heute zahlreiche Bewegungen, die uns helfen können, das christliche Bekenntnis zum Heiligen Geist zu verstehen. Drei davon möchte ich nennen.

a) Der Glaube, daß Gott die Welt erschaffen hat, galt lange Zeit als unvereinbar mit der modernen Wissenschaft. Es schien, als könne man sich mit der Theorie zufriedengeben, zu Anfang habe es einen „Urknall" gegeben und dann sei die Entstehung des Kosmos und des Lebens bestimmten Natur- bzw. Evolutionsgesetzen gefolgt. Es gälte nur noch, die Einzelheiten zu erforschen, um dem ganzen Geheimnis auf die Spur zu kommen.
Interessanterweise waren es gerade die Physiker, die darauf hingewiesen haben, daß die Grundlagen einer rein materialistischen Weltanschauung brüchig sind. Sie zeigten, daß die sogenannten Naturgesetze keineswegs so streng gesetzlich verlaufen, wie man sich dies vorgestellt hatte. Es gibt in der Natur offenbar Spielräume für Unbestimmbares, Wahrscheinliches. Und auch das Verhältnis zwischen erkennendem Geist und erkannter Natur scheint nicht einfach im Sinne eines dualistischen „hier und dort"

auflösbar zu sein, sondern ist eng ineinander verschränkt. Dieser Zusammenhang zwischen Geist und Natur wird von Wissenschaftlern verschiedener Fachrichtungen wieder eifrig diskutiert. Die Rede vom Geist wird dabei nicht mehr als Lückenbüßer für bisher Unerforschtes mißbraucht: Sie bezeichnet vielmehr eine aus dieser Welt nicht wegzudenkende, schöpferische Kraft/Energie, die vom Sonnensystem bis in den subatomaren Bereich alles durchwirkt.

Das alles erhält nicht zuletzt seine praktische Bestätigung durch eine andere Beobachtung. Viele im Natur- und Umweltschutz Engagierte beschäftigen sich heute mit den Weltbildern von Indianern und anderen Naturvölkern. Sie sind fasziniert von Weltanschauungen, in denen die Geisterfülltheit der Natur zu einem ehrfurchtsvollen und schonenden Umgang verpflichtet. Sie hoffen, auch für unsere Kultur einen menschen- und naturgerechteren Zugang zur Welt zu gewinnen. So wird in unseren Tagen die Welt als vom Geist getragene und erfüllte Schöpfung wiederentdeckt.

b) Auch in der Betrachtung unserer eigenen menschlichen Natur ist einiges in Bewegung geraten. Vor hundert Jahren lernten Kinder Biologie an einer Schautafel „Die Maschine Mensch". Darauf war der Mund als Mahlwerk, die Verdauungsorgane als chemische Reaktionskammern, die Nerven als Kabel, der ganze Körper als komplizierter chemischer und physikalischer Mechanismus dargestellt. Viele glaubten, so ließe sich der Mensch erklären. Dieses mechanistische Denken ist überholt, weil es dem Menschen nicht gerecht wird. Die psychosomatische Medizin hat auf die enge Wechselwirkung seelischer und körperlicher Vorgänge im menschlichen Organismus hingewiesen. Die sogenannten alternativen Heilmethoden (z.B. Akupunktur, Homöopathie) finden heute nicht ohne Grund neues Interesse. Das macht uns aufmerksam auf geistige und seelische Vorgänge in unserem Körper. Der Mensch ist keine Maschine, sondern eine Einheit von Geist, Seele und Materie. – Auch hier also ein Perspektivenwechsel, auch hier ein neues Erspüren, was schöpferisch macht (kreativ), was das Leben beziehungsreicher und ganzheitlicher werden läßt und was demgegenüber zerstört, behindert und krank macht.

c) Nehmen wir schließlich die gesellschaftlichen Veränderungen: Unser Jahrhundert mit den schrecklichen Kriegen, den vielfältigen Zerstörungen von Städten, Menschen und Natur, ist zugleich auch ein Jahrhundert großer geistiger Aufbrüche mit einer ungeheuren Sehnsucht nach Befreiung und Umgestaltung. Der historische Materialismus, der bis vor kurzem an den Universitäten des Ostblocks offiziell gelehrt wurde, erklärte die Geschichte allein aus ökonomischen Grundgesetzen. Er ist im eigenen Haus widerlegt worden. Der Mensch ist nicht allein aus seinen materiellen und wirtschaftlichen Verhältnissen zu erklären. Der Geist geht eigene Wege. Der Geist der Freiheit, der Gewaltlosigkeit und Gerechtigkeit läßt sich auf Dauer nicht unterdrücken. Er hat Systeme, die über Jahrzehnte wie betoniert schienen, gesprengt. Er stellt die Begründungen für Aufrüstung und Krieg immer mehr in Frage.

2. Vergessene Erfahrungsschätze

Die ökologische Bewegung – das müssen wir selbst-
kritisch bekennen – ist zunächst nicht von Theologie
und Kirche inspiriert worden. Um so mehr fordert
sie uns jedoch heraus, den Reichtum christlicher Erfahrung in die gegenwärtigen ökologischen Bemü-
hungen einzubringen. Gerade das Christentum hat
ja von seinem Ursprung her die Schönheit des Irdischen, den Reichtum des Menschlichen, den
Rhythmus des Natürlichen entdecken und gestalten
gelehrt. Gerade im Glauben an Gott konnten die
Möglichkeiten der Welt zur Entfaltung kommen,
ohne sie zu vergöttlichen oder zu verteufeln. Nicht
von ungefähr nennt der Kirchenvater Tertullian
„das Fleisch", also den konkreten, lebendigen Menschen, mit der Schöpfung den „Angelpunkt des
Heils".

Aus dem Reichtum christlicher Überlieferung
möchte ich zwei Gestalten nennen, eine Frau und
einen Mann. Die heilige *Hildegard von Bingen* steht
mit ihrer Glaubenskraft und Heilkunst beispielhaft
für das christliche Wissen vom Zusammenhang aller
Dinge: Ganz Gott hingegeben in ihrer Gemein-
schaft, betont sie in ihren Schriften den Gleichklang
von Seele, Geist und Leib. Sie sieht den Menschen in
kosmische Sphären hineingestellt, sie weiß viel von
der Heilkraft der Kräuter und Steine, sie bezeugt
Ehrfurcht vor allem, was ist. Für sie sind selbst die
Elemente und Dinge wie Partner: Der Mensch, so
sagt sie, der in der Todesstunde keinen anderen
Menschen zur Beichte hat, soll den Elementen
beichten. Und umgekehrt sind es die Elemente, die
zu Gott schreien und den Menschen anklagen, wenn
sie von ihm mißbraucht werden. Alles fügt sich für

14    siehe S. 20

sie zu einer Schöpfungssymphonie zusammen, mit unzählig vielen, fein aufeinander abgestimmten Tönen. Die gestufte Ordnung des gesamten Kosmos ist ein Abglanz der himmlischen Herrlichkeit.

Daneben steht das Zeugnis eines Mannes aus unserem Jahrhundert: *Teilhard de Chardin*. Schon als Kind war der spätere Jesuit und große Naturforscher hingerissen vom Geheimnis der Materie: Die Beschaffenheit von Metallen, die verschiedenen Aggregatzustände ließen ihn staunen über den Stoff, aus dem die Welt besteht. Die Vulkane seiner Heimat, die Berge und Steine waren für ihn Zeugen der Beständigkeit des Irdischen, ein Abglanz der Treue Gottes. Nicht nur im Menschen, sondern auch in der vermeintlich toten Natur, nicht nur im Sozialen, sondern auch im Kosmischen sah er das Wirken Gottes, in sich gestuft entwickelnder Bewegung.

Es ist ein Gebot der gegenwärtigen Kirchenstunde, solche Zeugen christlichen Schöpfungsglaubens, solche Geistträger und Geistträgerinnen kennenzulernen, bekanntzumachen und bei ihnen in die Schule zu gehen. Gerade weil wir an Gott, „den Liebhaber des Lebens" (Weish 11,26) glauben, dürfen wir uns von niemandem darin übertreffen lassen, das Wirken des Schöpfergeistes in allen Dingen und Menschen hochzuschätzen.

3. „Das Angesicht der Erde erneuern"

Die biblischen Schriften sind voll von Zeugnissen über das schöpferische und befreiende Wirken des Geistes Gottes. Im Psalm 104 etwa heißt es von den Geschöpfen:

15

„Verbirgst du dein Gesicht, sind sie verstört;
nimmst du ihnen den Atem, so schwinden sie hin
und kehren zurück zum Staub der Erde.
Sendest du deinen Geist aus,
so werden sie alle erschaffen,
und du erneuerst das Antlitz der Erde" (104,29 f.).

Die Erde hat demnach ein Gesicht. Daß der Mensch ein Gesicht hat, das wissen wir, das zeichnet ihn aus. Wir können uns ins Gesicht schauen und uns anreden. Aber die Erde, die Geschöpfe? Sie sind nicht einfach ein Ding, Materie, Material. Selbst in dem Wort Materie steckt ja noch die Nähe zu „mater", zur Mutter Erde. Sie hat ein Gesicht, sie schaut uns an, und durch sie schaut Gott uns an und kommt auf uns zu. Die Erde ist endlicher Ausdruck des unendlichen Gottes, Gleichnis des Schöpfers. Vom Weltanfang an schwebt Gottes Geist über den Wassern, belebt die Geschöpfe. Er wohnt in der Welt wie die Seele im Leib. Die Welt ist nicht geistlos, und Gottes Geist ist nicht weltlos oder gar weltflüchtig. „Der Geist des Herrn erfüllt das All ..." Wenn Gott die Welt durch seinen Geist beseelt, dann dürfen wir sie nicht zum Teufel gehen lassen. Wir beten ja: „Sende aus deinen Geist, und alles wird neu geschaffen, und du wirst das Angesicht der Erde erneuern."

Im Neuen Testament hat vor allem Paulus den Zusammenhang von Geist und Schöpfung zum Ausdruck gebracht, im 8. Kapitel des Römerbriefes (Vers 18–23). Dort ist vom Stöhnen der Schöpfung die Rede. Die Schöpfung leidet, nicht nur der Mensch. Auch die Dinge haben ihre Tränen, und die Summe ihrer Leiden ist nicht geringer geworden. „Wir wissen, daß die gesamte Schöpfung bis zum heutigen Tag seufzt und in Geburtswehen liegt" (8,22). Die Christen sind in die leidende Schöpfung eingebunden. Sie sind Organe des geknechteten Kosmos, die das Stöhnen der Kreatur wahrnehmen und davon betroffen sind. Und nicht nur das: „Auch wir, obwohl wir als Erstlingsgabe den Geist haben, seufzen in unserem Herzen" (8,23). Der Geist entreißt uns nicht dem irdischen Stöhnen und bringt uns schwärmerisch darüber weg, er bindet uns tiefer darin ein. Indem wir uns in der Nachfolge Jesu das Leiden der Schöpfung zu eigen machen, vollzieht sich die Wandlung der alten Kreatur in das neue Leben. Damit bricht Hoffnung an für die gesamte Schöpfung. Denn „auch die Schöpfung soll von der Sklaverei und Verlorenheit befreit werden zur Freiheit der Herrlichkeit der Kinder Gottes" (8,21).

4. Denkanstöße

Gottes Geist ist von Anfang an in der Welt, unerschöpflich. Jesus Christus verbürgt, daß er nicht mehr aus der Welt zu schaffen ist. Wir brauchen (und können) ihn nicht erst herstellen, wir dürfen ihn darstellen und ihn in Anspruch nehmen. Denn wir sind mit dem Geist Gottes getauft, der „das Angesicht der Erde erneuert".

■ Wir können das Wirken des Geistes im eigenen Leben entdecken: Jeder ist in seiner einmaligen Existenz „das ursprünglichste Wort Gottes", das an ihn ergeht (K. Rahner). Meine Biographie ist kein Zufall; in ihr spricht Gott mich an. Er hat mich bei meinem Namen gerufen und mir eine ganz besondere Lebensmöglichkeit und Beauftragung gegeben. Meine Möglichkeiten und Fähigkeiten, alle Bio- und Psychoenergie bekommt von hierher Ermutigung und Ausrichtung. Was ich bin und tue, was ich lasse und erleide, steht im „Aufwind" seines Geistes. In den Brüchen und Aufbrüchen der eigenen Lebens- und Glaubensgeschichte ist Gottes Geist am Werk. Er weckt uns und erweckt uns zum ewigen Leben. Er nimmt uns die Angst um uns selbst und befreit uns zur Freude am eigenen Leben wie zum Dasein für andere.

■ Was für die eigene Biographie gilt, für die persönlichen Lebensverhältnisse, das gilt auch für die Gesellschaft und Geschichte. Lesen wir also die Geschichte der ganzen Menschheit nicht als eine Ansammlung von Zufällen und Schicksalsschlägen, von blinden Katastrophen und Einbrüchen. Auch hier gilt: Gottes Geist ist am Werk. Er schreibt selbst auf krummen Linien gerade. Trotz aller Widerstände und Einbrüche dürfen wir an das Gelingen des Projekts Menschheit und Welt glauben und daran mitarbeiten. Deshalb ist es wichtig, daß Christen in der Gesellschaft Verantwortung übernehmen, in Politik und Wirtschaft.

■ Es ist ein verheißungsvolles Zeichen der Zeit, daß viele – gerade junge Leute – heute ein Gespür für die Umwelt bekommen. Wichtig ist, daß wir nicht nur das Schwefeldioxyd und den Bleigehalt der Luft prüfen. Die Umweltkrise ist ja eine Krise des Menschen selbst, der vergessen hat, daß die Welt Schöpfung Gottes ist. Alles Bemühen um Umwelt und Natur hat für uns eine geist-liche Tiefendimension, die gleichermaßen vor ökologischem Aktivismus wie vor resignativer Untätigkeit bewahrt.

1. Geist, der lebendig macht

■ Die Erkenntnis, daß die Natur als Schöpfung erfüllt von Gottes Geist ist, hat zahlreiche Konsequenzen für unser alltägliches Handeln. Die Ökumenischen Versammlungen in Stuttgart und Basel haben dazu in ihren Abschlußdokumenten zahlreiche Anregungen gegeben. Auch die gemeinsame Erklärung des Rates der Evangelischen Kirche Deutschlands und der Deutschen Bischofskonferenz „Verantwortung wahrnehmen für die Schöpfung" enthält gute Hinweise zum ökologischen Handeln. Es fehlt also nicht an Ratschlägen. Die Frage ist: Wer setzt sie um?

Gott hat das Kommen des Jüngsten Tages auch in die Bäume geschrieben, nicht allein in die Bücher.   Martin Luther (1483–1546)

Als Ausgangspunkt unserer Überlegungen wollen wir einen Vergleich nehmen. Stellen wir uns in den Tiefen des Meeres einen Taucher vor, der zum Tageslicht emporzusteigen versucht. Oder aber denken wir uns auf dem Hang eines vom Nebel umhüllten Berges einen Wanderer, der dem von Licht umfluteten Gipfel zustrebt. Für jeden dieser beiden Menschen wird der Raum in zwei mit entgegengesetzten Eigenschaften behaftete Bereiche eingeteilt: der eine nach rückwärts und unten erscheint immer dunkler; der andere nach vorn und oben wird immer heller. Für den Schwimmer wie für den Kletterer besteht der Erfolg darin, sich zu letzterem zu erheben, indem sie all das, was sie umgibt, als Halt benutzen. Außerdem wächst im Laufe dieses Bemühens das Licht mit jedem neuen Fortschritt; zugleich hört der durchschrittene Raum in dem Maße, wie er durchschritten ist, auf, erhellt zu werden, und er versinkt im Dunkel. Halten wir diese verschiedenen Züge fest. Sie sagen symbolisch alle Elemente aus, deren wir bedürfen, um zu wissen, wie wir die Materie heilig berühren und handhaben sollen.
Die Materie ist vor allem nicht nur das Gewicht, das mitzieht, der Schlamm, der hinabzieht, der Dornenbusch, der den Weg versperrt. An

19

sich genommen, vor unserer Stellungnahme und unserer Entscheidung, ist sie einfach der Abhang, den man ebensogut hinauf- wie hinabsteigt, das Milieu, das ebensogut trägt wie nachgibt, der Wind, der ebensogut ein Fallwind wie ein Steigwind sein kann. Ihrer Natur nach und infolge der Erbsünde stellt sie allerdings einen dauernden Sog zum Niedergang dar. Doch schließt sie gleichfalls ihrer Natur nach und infolge der Inkarnation eine Komplizität (Stachel oder Anziehung) zum Mehrsein ein, die den „fomes peccati" („Zunder", Antrieb zur Sünde) ausgleicht oder sogar überwiegt. Die vollständige Wahrheit über unsere Lage ist: Hier auf Erden ist auf Grund unseres Eingefügtseins in das Universum jeder von uns, in seine Schichten und an seinen Berghang, an einen durch den gegenwärtigen Zeitpunkt der Welt, den menschlichen Ort unserer Geburt und unsere individuelle Berufung bestimmten besonderen Punkt gestellt. Und es macht die unserem Leben zugewiesene Aufgabe aus, im Ausgang von diesem verschieden gelagerten und verschieden hohen Punkt zu dem Licht emporzusteigen, in dem wir, um Gott zu erreichen, eine gegebene Reihe von Geschöpfen überschreiten. Mit anderen Worten, keine Seele erreicht Gott, ohne daß sie durch die Materie hindurch einen bestimmten Weg zurückgelegt hat, der in einem bestimmten Sinne ein trennender Abstand ist, der aber auch in einem bestimmten Sinne ein vereinender Weg ist. Ohne einen gewissen Besitz und gewisse Eroberungen existiert niemand so, wie Gott ihn wünscht. Wir alle haben unsere Jakobsleiter, zu der eine Reihe von Gegenständen die Sprossen bilden.

Teilhard de Chardin (1881–1955)

Die Elemente der Welt riefen in einem wilden Schrei: „Wir können nicht mehr laufen und unsere Bahn vollenden. Denn die Menschen kehren uns mit ihren schlechten Taten wie in einer Mühle von unterst zu oberst. Wir stinken schon wie die Pest und vergehen vor Hunger nach der vollen Gerechtigkeit." Nun sind alle Winde voll vom Moder des Laubes, und die Luft speit Schmutz aus, so daß die Menschen nicht einmal mehr recht ihren Mund aufzumachen wagen. Auch welkte die grünende Lebenskraft durch den gottlosen Irrwahn der verblendeten Menschenseelen. Nur ihrer eigenen Lust folgen sie und lärmen: „Wo ist denn ihr Gott, den wir niemals zu sehen bekommen?"

Hildegard von Bingen (1098–1179)

Wie daher die Seele (ganz im ganzen Körper und) ganz in jedem Teile des Körpers ist, so ist auch der „ganze" Gott in allem und in jedem einzelnen.

Thomas von Aquin (1225–1274)

Nach dem Tod des großen Maggids saßen die Schüler beisammen und erzählten sich von seinen Taten. Als die Reihe an Rabbi Schneur Salman kam, fragte er: „Wißt ihr, warum unser Lehrer an jedem Morgen um Sonnenaufgang zum Teich hinausging und ein weniges daran verweilte, ehe er heimkehrte?" Sie wußten es nicht. „Er lernte", sagte er, „das Lied, mit dem die Frösche Gott lobpreisen. Es dauert sehr lang, bis man dieses Lied erlernt."

Chassidische Erzählung

Hinter dem Friedhof

Hinter dem Friedhof, neben dem Weg,
ist ein Friedhof voll Abfall,
wo rostiges Eisen liegt, Scherben
von Ton, zerbrochene Rohre, verbogener Draht,
leere Zigarettenschachteln, Sägemehl
und Bleche, altes Plastik, abgefahrene Reifen,
und alles wartet wie wir auf die Auferstehung.

Ernesto Cardenal

Der Garten Gottes

Ein Pfarrer traf einen Mann, der im Garten vor seinem neuen Haus arbeitete. Sie kamen ins Gespräch, und der Pfarrer sagte voll Anerkennung: „Da haben Sie sich mit Fleiß und Gottes Hilfe aber einen schönen Garten angelegt!" – „Das kann man wohl sagen, Herr Pfarrer", antwortete der Hausbesitzer, „aber Sie hätten einmal sehen sollen, wie das Grundstück aussah, als der liebe Gott hier noch allein gearbeitet hat!"

2 Unterscheidung der Geister

1. Die Qual der Wahl

Unsere Gesellschaft ist wie ein Supermarkt. Sie bietet eine bunte Palette von Sortimenten, eine Fülle von Möglichkeiten zur Auswahl. Wer schätzt nicht die vielen Angebote der Bildung und Kommunikation, der Technik und des Verkehrs. Vielfalt macht Freude, lockt Neugierde, regt die Phantasie an. Das Leben wächst mit der Chance, sich in Freiheit entscheiden und Prioritäten setzen zu können.

Nur: Wer die Wahl hat, hat die Qual. Die Überfülle kann uns in Entscheidungsnot bringen oder gar erdrücken. Sie kann dazu verführen, sich niemals klar zu entscheiden, die Entscheidung auf andere abzuschieben, auf Gremien oder auf den „starken Mann". Wer die Wahl hat, steht nicht nur vor einer Fülle von Möglichkeiten, er muß vor allem auch zwischen wahr und falsch, gut und böse unterscheiden. Es ist gar nicht so leicht, eine eigene begründete Wahl zu treffen und nicht nur das zu tun, was alle tun. Das spüren gerade die in unserem Land, die nach jahrzehntelanger Diktatur auf einmal vor die Situation gestellt sind, auszuwählen. Freiheit heißt Verantwortung.

Das gilt erst recht angesichts der Vielfalt von Auffassungen und Überzeugungen in den entscheidenden Lebensfragen. Die Diskussion um Anfang und Ende

23

des menschlichen Lebens, aber auch um die gerechte Verteilung der Güter zeigt das sehr deutlich. Wir brauchen Anhaltspunkte zur Orientierung zwischen wahr und falsch, gut und böse. Wer nicht über Unterscheidungsvermögen und Konfliktbereitschaft verfügt, geht in der Vielfalt der Meinungen unter, läuft nur mit und paßt sich an.

Es gibt Entscheidungen im Leben, die unwiderruflich sind. Da können wir uns nicht alle Türen offenhalten, entscheidend ist die Tür, durch die wir gehen. Man heiratet nicht auf Probe, man setzt nicht auf Probe Kinder in die Welt, man wird nicht einfach mal so Mönch oder Ordensschwester. Zu wirklichen Entscheidungen gehört ein Stück Endgültigkeit, der Mut zur Wahl, das Wissen um die damit akzeptierten Grenzen, um das Risiko einer falschen Entscheidung. Mitten im Überangebot unterschiedlicher Wertvorstellungen und Überzeugungen ist eine Kultur der Unterscheidung gefragt, sind Räume zu schaffen, in denen Entscheidungsvermögen wachsen kann. Es geht darum, ablehnen und zustimmen zu lernen, ja und nein sagen zu können.

2. Einheit in Vielfalt

Chancen und Grenzen der Vielfalt zeigen sich nicht nur in der Gesellschaft, sondern auch in der Kirche. Die Älteren unter uns haben noch die Kirche vor dem Konzil vor Augen: einig, geschlossen, wie eine Burg im Belagerungszustand. Das hat sich vor allem durch das Konzil selbst geändert. Es hat jene Vielfalt wieder entdeckt, die sich vom Neuen Testament her in der Geschichte der Kirche widerspiegelt. Nur einige Punkte seien genannt: In der frühen Zeit waren die Ortskirchen an der Wahl ihres Bischofs beteiligt. Es gab bis ins vergangene Jahrhundert hinein eine Vielzahl von Liturgien. In der Entfaltung der einen Glaubenswahrheit gab es von jeher verschiedene theologische Schulen und Richtungen. Auch die Ordensbewegungen und geistlichen Gemeinschaften sind ein Zeichen geistgewirkter Vielfalt. Dasselbe gilt für die unterschiedlichen Berufungen: Franziskus denkt und fühlt anders als Thomas von Aquin, Ignatius von Loyola anders als Philipp Neri.

Diese Vielfalt der Glaubensgaben geht aber nicht auf Kosten der Wahrheit. Ganz im Gegenteil: Die Kirchengeschichte insgesamt ist durchzogen von den oft schmerzhaften und konfliktreichen Prozessen der Konsensbildung, der gemeinsamen Gründung in der Wahrheit einerseits und der dann faktisch notwendigen Abgrenzung andererseits. Aus der Mitte des Glaubens selbst ergab und ergibt sich die Notwendigkeit, klare Bekenntnisse zu formulieren und den Schmerz der Entscheidung mit Bekennermut durchzuhalten, in Unterscheidung und Abgrenzung. Die Geschichte der Heiligen und der Ketzer ist zusammen zu sehen. Beiden Seiten geht es um die Wahrheit. Und oft hat die Gegenmeinung zur klaren Herausarbeitung einer Glaubenslehre wesentlich beigetragen. Rückblickend müssen wir bedauern, mit welcher Härte die Wahrheit oft gegenüber den auf einem anderen Standpunkt Beharrenden durchgesetzt wurde. Die Kirche hat sich im letzten Konzil zu einem höheren Maß an Dialogbereitschaft verpflichtet. Das heißt jedoch nicht, daß sie angesichts der einen Wahrheit und ihrer vielfältigen Auslegungen Konflikten im Innern und nach außen aus dem Wege gehen darf. Im Gegenteil: Diese Auseinandersetzungen sind notwendig und in Offenheit und Fairneß zu bestehen.

Das Vatikanum I hat die zentrale Leitungsaufgabe des Papstes in der Gesamtkirche und für sie stark unterstrichen. Das Vatikanum II hat in Ergänzung dazu die Bedeutung der Ortskirchen, der Bischöfe und der Kollegialität herausgestellt. Bis zum letzten Konzil war die Mentalität in der Kirche eher auf Vereinheitlichung bedacht. Heute erleben wir neben vielen befreienden Aufbrüchen nicht selten eine diffuse Unverbindlichkeit. Je größer die Vielfalt, desto notwendiger ist also die Unterscheidung der Geister. Nicht wenige sind der Meinung, der gegenwärtige Pluralismus in der Kirche sei nicht nur gefährlich, sondern auch theologisch falsch. Sie rufen nach dem starken Mann, der das Machtwort spricht: „Der Papst, die Bischöfe müßten doch endlich ...“

In der Tat: Die Gefahr ist groß, daß alles zerredet und endlos zur Diskussion gestellt wird, weil der Mut zur unvertretbar eigenen Entscheidung und Verantwortung fehlt. Umgekehrt gibt es einen sehr problematischen Uniformismus, der nicht nur in einer demokratischen Gesellschaft fremd wirkt, sondern auch dem Reichtum der Kirchengeschichte nicht entspricht. Auf der einen Seite lauert die Gefahr, daß die Freiheit zum Deckmantel für Entscheidungsflucht und Beliebigkeit wird. Auf der anderen Seite kann das Bekenntnis zur einen Wahrheit allzu leicht mißbraucht werden zu Rechthaberei, Machtdenken und Gleichschaltung. Angesichts der Entwicklung zur Weltkirche ist das Amt der Leitung und Lehre eine kostbare Gabe des Geistes, der Einheit in der Vielfalt schafft. Nicht minder aber gilt es, die ortskirchliche Originalität zu stärken und Vielfalt in der Einheit zu leben. Beides ist wichtig: eine Vielfalt der Geistesgaben, beispielhaft für die Welt; zugleich aber Entschiedenheit im Zentrum des Glaubens, im Einstehen für die Wahrheit.

3. Die Energie der Kirche

Die Kirche ist nach dem Verständnis des Neuen Testaments keine starre Organisation, sondern ein lebendiger Organismus. Paulus hat das im zwölften Kapitel des ersten Korintherbriefs dargestellt. Der Geist ist die Seele dieses Organismus, er belebt die einzelnen Organe. Er ist nicht ein Produkt der Kirche, die Kirche ist eine Frucht des Geistes. Geist ist Gabe, „Kraft aus der Höhe", die uns durch Jesus Christus geschenkte Dynamik Gottes. „Er bewirkt alles in allen" (12,6).

Kirche als Organismus des Gottes-Geistes ist weder eine Demokratie noch eine Aristokratie oder Monarchie. „Es gibt verschiedene Gnadengaben, aber nur den einen Geist. Es gibt verschiedene Dienste, aber *nur den einen Herrn*" (12,4f.). *Er* will in der Kirche zum Zuge kommen. Wenn das nicht mehr erfahrbar ist, wenn nicht mehr deutlich wird, daß es nicht um Menschenherrschaft, sondern um Gottes Herrschaft geht, dann verfehlt sie ihre Berufung.

Die Taufe ist das grundlegende Sakrament in der Kirche. Durch sie ist jeder mit dem Heiligen Geist begabt: Frauen und Männer, Jugendliche und Erwachsene, Theologen und Laien, Afrikaner, Asiaten und Europäer. „Jedem wird die Offenbarung des Geistes geschenkt, damit sie anderen nützt" (12,7). Der Apostel überschlägt sich fast, die einzelnen Begabungen aufzuzählen: Weisheit, Erkenntnis, Glaubenskraft, Heilung, die Fähigkeit, die Geister zu unterscheiden ... (12,8–10). Das sprudelt von Energie. Merkt man bei uns etwas davon? Steckt die Kirche heute in einer Energiekrise? Der Apostel will uns ermutigen, die Begabungen in uns und um uns zu entdecken und zu fördern. Es gibt sie doch: Menschen, die von ihrem Glauben sprechen aus Erfahrung, die anderen Anteil daran geben. Das ist kein Monopol der Theologen. Das muß man nicht studiert haben. Nicht um Angelerntes geht es, sondern um Gelebtes.

Es ist ein großer Unterschied, ob wir – je nach Standpunkt – Einheit und Vielfalt in der Kirche nur mit Angst und Schrecken hinnehmen, oder in ihr das Wirken des Geistes Gottes wahrnehmen. Er wirkt ja nicht nur die vielfältigen Begabungen, er verbindet sie zur Einheit: „Das alles bewirkt ein und derselbe Geist, einem jeden teilt er seine besondere Gabe zu, wie er will" (12,11). Wie *er* will, nicht unbedingt und in jedem Falle wie wir es wollen. Er spendet die Gaben, er ist die Seele des ganzen, die Seele der Kirche. Er verbürgt die Einheit in der Vielfalt.

In der Aufzählung der verschiedenen Charismen nennt Paulus auch „die Fähigkeit, die Geister zu unterscheiden" (12,10). Jene Gabe ist gemeint, die uns erkennen läßt, was von Gottes Geist und was vom „bösen Geist" stammt oder wo „der eigene Vogel" als Heiliger Geist ausgegeben wird. Es ist eben auch zwischen wahren und falschen „Charismatikern" und „Propheten" zu unterscheiden.

4. Denkanstöße

■ Die verschiedenen Formen der Mitverantwortung sind als Entfaltung der Kirche durch den Geist

zu verstehen. Die Amtsträger tragen eine besondere, aber nicht die alleinige Verantwortung für die
Kirche, sie können um sich herum eine Fülle geistgewirkter Begabungen entdecken. Die haben sie zu
fördern. Autorität kommt vom lateinischen „augere"
und heißt zu deutsch: fördern, mehren. Also: Die verschiedenen Begabungen nicht blockieren, sondern
ermutigen, die Laien anregen, Kirche verantwortlich mitzutragen. Nicht Abschottung, sondern Zu-
sammenspiel läßt den Glauben wachsen. Dabei ist
es wichtig, Konflikte zuzulassen und Modelle zu entwickeln, sie christlich zu bewältigen.

■ Wir haben nicht eine Kirche in der sogenannten
Dritten Welt (als hätten wir dort Kolonien oder einen
Ableger), wir sind Weltkirche. Europa ist nicht der
Nabel der Welt. Weltkirche sein erfordert Mut zur
Vielfalt in der Einheit. In einer Familie ist jeder, ist
jedes Kind anders.

■ „So viele Gedanken, welcher ist wichtig?
So viele Programme, welches ist richtig?" (Gotteslob
623,3)
Wer macht nicht gerade heute die Erfahrung, wie
vielfältig und widersprüchlich die verschiedenen
Stimmen sind, die an unser Ohr kommen. Wir werden hin- und hergerissen. Gibt es Kriterien, Maß-
stäbe, um den unverwechselbaren Klang der
Stimme Gottes herauszuhören? Gott wäre nicht
Gott, wenn er sich nicht von jedem anderen unterscheiden ließe. Es gibt Regeln zur Unterscheidung
der Geister (vgl. den Text auf Seite 33).

■ Wenn wir in der Osternacht das Taufversprechen
erneuern, werden wir gefragt, wofür und wogegen

wir sind: Pro und Kontra, Zusage und Absage. Christlicher Glaube weckt Zustimmungskraft und Widerstandskraft. Christen können nicht zu allem Ja und Amen sagen. Sie sind keine Notare des Zeitgeistes. Wo führt uns der Glaube dazu, daß wir uns dem allgemeinen Geschmack, dem Urteil und der Meinung der Mehrheit widersetzen? Das Bekenntnis zum Heiligen Geist schließt immer auch den Mut ein, Ungeist beim Namen zu nennen, Flagge zu zeigen. Farblosigkeit kann man nur überwinden, indem man Farbe bekennt.

Man muß weggehen können und feststehen wie ein Baum.

Hilde Domin

Der Abbas Poimen erzählte. „Der Abbas Ammonas sagte: Da verbringt einer seine ganze Zeit damit, die Axt herumzutragen, und kann keinen Baum fällen. Ein anderer versteht sich auf das Fällen und legt mit wenigen Streichen den Baum um. Und er erklärte, daß die Axt die Unterscheidungsgabe bedeute."
Ein Altvater wurde von einem Bruder gefragt: „Wie finde ich Gott? Vielleicht in Fasten oder in der Arbeit, bei Nachtwachen oder in Werken der Barmherzigkeit?" Er antwortet: „In alledem, was du aufgezählt hast und in der Unterscheidung (discretio). Denn ich sage dir: Gar manche haben ihr Fleisch gekreuzigt. Aber weil sie es ohne Unterscheidungsgabe taten, ging ihr Mühen ins Leere, und sie hatten nichts davon. Unser Mund riecht vom Fasten, wir haben die ganze Heilige Schrift gelernt, von ganzem Herzen haben wir die Psalmen Davids vollendet, aber das, was Gott verlangt, das haben wir nicht: Demut!"

Überlieferung der Mönchsväter

Aber in all den entsetzlichen Todesängsten, die ich, wie du weißt, vor meiner Einlieferung in den Tower oft mit verzagtem und bekümmertem Herzen durchkostete, die mir alle Gefahren und schmerzlichen Todesarten, unter denen ich möglicherweise mein Leben lassen muß, vorspiegelte, wenn ich lange und sinnend wachlag, während meine Frau mich schlafend wähnte, habe ich doch in keinem solchen Angstzustand mich mit dem Gedanken vertraut gemacht, etwa in der äußersten Furcht vor diesen körperlichen Schmerzen einer Sache zuzustimmen, die sich gegen mein Gewissen richtete und mir Gottes tiefstes Mißfallen zuzöge; in die Gewissensfragen anderer Menschen will ich mich nicht einmischen. Weiter als bis dahin darf allerdings ein Mann, der um sein Seelenheil besorgt ist, nicht gehen. Wenn er Gefahr sieht, so ist er verpflichtet, sein Gewissen zu formen, indem er guten Rat einholt und sich über die schwierigen Seiten der Frage genau unterrichten läßt.

Thomas Morus (1478–1535)

Was das dreimalige Untertauchen bei der Taufe betrifft, so kann man nicht besser antworten, als wie Ihr schon selbst gemeint habt: Wenn die Glaubenseinheit gewahrt wird, schadet der heiligen Kirche keine Verschiedenheit in den Gewohnheiten. Wenn wir dreimal untertauchen, so deuten wir damit das Geheimnis des dreitägigen Begrabenseins (Christi) an, so daß, wenn das Kind zum dritten Male aus dem Wasser gehoben wird, darin die Auferstehung am dritten Tage versinnbildet wird. Wenn nun jemand meint, dies geschehe zur Verehrung der allerhöchsten Dreieinigkeit, so ist nichts dagegen einzuwenden, daß der Täufling nur einmal ins Wasser getaucht wird. Denn da die drei Personen nur eine Wesenheit sind, so kann es ganz und gar nicht tadelnswert sein, das Kind dreimal oder einmal bei der Taufe unterzutauchen; kann doch in dem dreimaligen Untertauchen die Dreiheit der Personen, in dem einmaligen die Einheit der Gottheit angedeutet werden.

Papst Gregor der Große (um 540–604)

31

Ich frage mich manchmal, ob wir von den Erfahrungen, die die Protestanten in einer vierhundertjährigen Geschichte mit ihrer innerkirchlichen Vielfalt gemacht haben, nicht mehr zu lernen haben, als wir meinen. Natürlich ist die Vielfalt dort auch ausgeufert. Der alte Bultmann hat mir einmal in einem Brief, in dem er seine Bedenken in dieser Richtung äußerte, geschrieben, er könne mich manchmal fast um den Papst beneiden. Aber wir selber müssen wohl erst noch lernen, daß es eine größere legitime Vielfalt innerhalb des einen Glaubens und der einen Kirche geben kann und darf, als wir gemeinhin annehmen.

Karl Rahner

Du kannst dir nicht ein Leben lang
die Türen alle offenhalten,
um keine Chance zu verpassen.
Auch wer durch keine Türe geht
und keinen Schritt nach vorne tut,
dem fallen Jahr für Jahr
die Türen eine nach der andern zu.
Wer selber leben will, der muß entscheiden:
Ja oder Nein –
im Großen und im Kleinen.
Wer sich entscheidet, wertet, wählt,
und das bedeutet auch: Verzicht.
Denn jede Tür, durch die er geht,
verschließt ihm viele andere.
Man darf nicht mogeln und so tun,
als könne man beweisen,
was hinter jener Tür geschehen wird,
Ein jedes Ja – auch überdacht, geprüft –
ist zugleich Wagnis
und verlangt ein Ziel.
Das aber ist die erste aller Fragen:
Wie heißt das Ziel,
an dem ich messe Ja und Nein?
Und: Wofür will ich leben?   Paul Roth

Regeln zur geistlichen Unterscheidung

1. Regel
Allein die „Stimme", die sich auf ein Wort der Heiligen Schrift, insbesondere auf ein bestimmtes Verhalten oder eine konkrete Weisung Jesu zurückführen läßt, ist unter den vielen anderen Stimmen die Stimme Gottes.

2. Regel
Diese steht in einer gewissen Spannung zur ersten. Sie lautet: Gottes Stimme ist vernünftig. Gott selbst hat mit Weisheit und Vernunft die Welt geschaffen, alle seine Werke sind weise geordnet. Und so ist auch sein Ruf nicht einfach unsinnig, widervernünftig, irrational.

3. Regel
Zeichen der Stimme Gottes ist es, daß sie im Hin und Her verschiedener anderer Gedanken, Neigungen und Zielvorstellungen als einzige aus einer guten, lichten Ursache erwächst, auf ein helles Ziel hinlockt und dafür gute Mittel empfiehlt.

4. Regel
Gott ruft immer dahin, wo man letztlich Trost, Freude, Zuversicht und Hoffnung findet. Gottes Stimme ist immer so, daß man im letzten und tiefsten auch weiß: So ist es gut, so ist es recht, so soll es sein!

5. Regel
Diese Regel hängt eng mit der vorangehenden zusammen: Gottes Ruf überfordert mich nicht.

6. Regel
Gottes Stimme ist immer konkret. Das heißt: Sie ruft in meine konkrete Situation hinein und will diese in Bewegung bringen. Gott meint immer mein Hier und Jetzt.

7. Regel
Die Stimme Gottes, die man zu hören glaubt, muß sich – wenigstens in wichtigen Fällen – dem Urteil anderer aussetzen lassen.

3 Jesus Christus, der Erstgeborene von vielen Brüdern und Schwestern

1. Begegnungen

Begegnungen prägen unser Leben. Wenn wir in die eigene Lebensgeschichte zurückschauen, erinnern wir uns an bestimmte Personen, die einen nachhaltigen Eindruck auf uns gemacht haben: Lehrer, Freunde, aber auch Künstler oder Politiker, möglicherweise Romanfiguren oder historische Persönlichkeiten. Wir wollten so sein wie sie, zumindest in einer bestimmten Eigenschaft. Sie haben uns fasziniert und herausgefordert. Wir mußten uns anstrengen und an uns arbeiten, um ihnen ähnlich zu werden.

Gerade in der Jugendphase, die durch die Ablösung vom Elternhaus und die Entwicklung einer eigenen Identität bestimmt ist, spielen solche Begegnungen eine wichtige, mitunter schicksalhafte Rolle. Aber nicht nur in der Jugendzeit brauchen wir Personen, mit denen wir uns auseinandersetzen können, die uns fordern und gerade so fördern. Menschliches Wachstum ist stets auf Begegnung angewiesen. Wir entwickeln uns nicht wie eine Pflanze nur aus vorhandenem Erbmaterial, wir gewinnen unsere Identität durch Begegnung.

Begegnung befreit und bereichert, macht aber auch Angst. Je fremder uns das Gegenüber ist, je weniger vertraut wir miteinander geworden sind, desto mehr

Zeit zur Annäherung braucht es, zum Ausloten von
Berührungsangst und gewünschter Nähe. Mit den
einen können wir uns dann identifizieren, um dank
ihrer Hilfe selbst mit uns identisch zu werden. Von
den anderen aber wollen und müssen wir uns ab-
grenzen – bis hin zum schmerzhaften Konflikt und
der Auseinandersetzung mit anderen Lebenskon-
zepten und Optionen. Nicht zuletzt gehört auch das
zur Gewinnung der eigenen Identität.

2. Identifikationsfiguren

Die christliche Glaubensüberlieferung ist reich an
Orientierungsfiguren, Menschen mit herausragen-
dem Profil, die ganze Christengenerationen fasziniert haben: Teresa von Ávila, Franz von Assisi,
Elisabeth von Thüringen und Ignatius von Loyola
sind solche Persönlichkeiten. Sie haben bei denen,
die mit ihnen persönlich oder über ihr Werk bekannt
geworden sind, zum Teil tiefgreifende Veränderungen ausgelöst. In ihrer Person und ihrem Tun vermitteln sie anschaulich und herausfordernd, was
christlicher Glaube heißt und sein kann. Dabei dürfen die befremdlichen Züge nicht ausgeblendet werden. Es geht nicht um Abziehbilder, sondern um
Nähe und Distanz (Abgrenzung), will man die eigene
Gestalt (Identität) gewinnen.
Bis in die Mitte unseres Jahrhunderts trat Jesus als
Orientierungsfigur weniger in den Blick. Die allermeisten Katholiken sahen ihn eher als ein Gegenüber, das jede Annäherung als Vorbild verbietet: als
den Sohn Gottes, der mit dem Vater und dem Heiligen Geist im Bild des himmlischen Gnadenthrones
der Gemeinde gegenübersteht, der als Pantokrator

aus der Apsis alter Kirchen auf die Gemeinde schaut oder im Jochbogen romanischer Portale thront als Richter der Lebenden und der Toten.

Viele wissen nicht, daß dieses fast völlige Aufgehen der Menschlichkeit Jesu in seiner Göttlichkeit mit der Abwehr des Arianismus zusammenhängt, einer Irrlehre, die Jesus im wesentlichen nur als Mensch gelten lassen wollte. Will man eine bestimmte Einseitigkeit abwehren, gerät man leicht in die Nähe des anderen Extrems. So rückte Jesus aus der Rolle des Mittlers heraus und wurde zur Endinstanz, verschmolz beinahe mit dem Vater (der heilige Benedikt nennt ihn „Vater").

In unserem Jahrhundert hat sich in diesem Punkt eine Wende vollzogen. Die Bibelbewegung und die liturgische Bewegung haben (angeregt vor allem durch J. A. Jungmann) die Gestalt Jesu wieder plastischer in den Blick gerückt. Das Buch von Romano Guardini „Der Herr" hat viele in ihrem Glauben und ihrer Frömmigkeit geprägt. In den letzten Jahrzehnten ist das Interesse am Leben und Verhalten Jesu in neuer Weise erwacht. Dabei wird leider sein Gottgeheimnis nicht selten in seine Menschlichkeit eingeebnet: Es bleibt schließlich nur noch der Freund der Armen und Ausgestoßenen, der Kritiker falscher Religiosität und Institutionengläubigkeit, der Provokateur der „Frommen", der Revolutionär, der Superstar ...

3. Begegnung mit Jesus

Der Evangelist Lukas hat an den Beginn des öffentlichen Wirkens Jesu eine markante Begegnungsszene gestellt: In der Synagoge seiner Heimatstadt

Nazaret trifft Jesus auf Menschen, die ihn kennen oder zu kennen meinen. Er liest die Stelle aus dem Propheten Jesaja:

„Der Geist des Herrn ruht auf mir:
denn der Herr hat mich gesalbt.
Er hat mich gesandt,
damit ich den Armen eine gute Nachricht bringe;
damit ich den Gefangenen die Entlassung verkünde
und den Blinden das Augenlicht;
damit ich die Zerschlagenen in Freiheit setze
und ein Gnadenjahr des Herrn ausrufe."
(Lk 4,18f.; vgl. Jes 61,1f.)

In seiner anschließenden Auslegung bezieht Jesus diese prophetischen Worte auf die Gegenwart: Er selber ist der Mittler und Gesandte Gottes, der nichts anders im Sinn hat, als den Willen Gottes zum Durchbruch zu bringen. Er will die Welt von ihrem schwächsten Punkt her retten, von den Armen her, den Gefangenen, Blinden und Zerschlagenen.
Die Rede findet Beifall bei der Synagogengemeinde von Nazaret (vgl. 4,22). Jesus ist den Menschen ganz nahe. Die Leute spüren das: ‚Er ist einer von uns.' Doch offenbar fällt es ihnen schwer, seine Worte mit seiner familiären Herkunft zusammenzubringen. Sie meinen, „ihren" Jesus zu kennen und entziehen sich so seiner provozierenden Botschaft. Jesus bleibt für sie der Nachbarssohn von nebenan: „Ist das nicht der Sohn Josefs?" (4,22). Ihr anfängliches Staunen schlägt schließlich um „in Wut. Sie sprangen auf und trieben Jesus zur Stadt hinaus ..." (4,28f.). Sie spüren seine Fremdheit, sie ahnen, daß Gott ärgerlich anders ist – in seiner Güte. Alle menschlichen Gottesbilder werden von Jesus durchkreuzt.
In der Begegnung mit Jesus ist beides: Er fasziniert und stößt ab, er lockt und befremdet. Das ist bis

heute so. Groß ist die Versuchung (auch für Christen), den befremdlichen Jesus dem eigenen Hausgebrauch anzupassen. Als Grenzgänger Gottes ist er ein Stein des Anstoßes, „ein Zeichen, dem widersprochen wird" (Lk 2,34). Daran scheiden sich die Geister. Es ist deshalb gefährlich, wenn wir immer schon wie selbstverständlich davon ausgehen, daß wir auf der Seite Jesu stehen und nichts mehr begehrten als seinen Heiligen Geist. Kennen wir das Erschrecken vor Jesus Christus und seinem Geist? Faszination und Erschrecken zeigen: Dieser Jesus hat uns etwas voraus, er ist uns voraus. In seinem Leben, in seinem Sprechen und Tun zeigt sich, wes Geistes Kind er ist: „Der Geist des Herrn ruht auf mir ..." (4,18). Er ist im Ganzen seines Daseins durch und durch von Gottes Geist geprägt. In ihm ist Gott selbst präsent, in Person. – Christsein heißt eben nicht, Jesus auf die Schulter zu klopfen, sondern nachzufolgen. Er ist uns voraus, wir gehen nach. Das heißt glauben.

4. Denkanstöße

■ Leben und Verhalten Jesu sprechen heute viele an: seine Nähe zu den Menschen, besonders zu denen, die abgeschrieben sind und um die sich keiner kümmert; seine Freiheit und Gelassenheit, sein Vertrauen auf Gott, der die Spatzen schützt und seine Sonne über Böse und Gute aufgehen läßt; wie er Menschen aus Angst und Verblendung befreit und ihnen zugleich die Augen öffnet für menschenverachtende Vorurteile und Selbstgerechtigkeit; wie er sie lockt, aus Hörern zu Tätern seiner Worte zu werden. In solcher Begegnung mit Jesus stecken wichtige Impulse für ein Leben aus dem Glauben. Die Orientierung am menschlichen Verhalten Jesu darf jedoch nicht dazu führen, „daß wir das Gottgeheimnis in Jesus zugunsten seiner vermeintlich eingängigeren und praktischeren Liebesbotschaft zurücktreten oder verblassen lassen. Denn schließlich fiele die Liebe, die Jesus tatsächlich kündete, ohne seine ewige Gottessohnschaft ins Leere. Sie würde in ihrer Radikalität – bis zur Feindesliebe – allenfalls als eine groteske Überforderung der Menschen anmuten" (Gemeinsame Synode Unsere Hoffnung I, 2). In der Begegnung mit Jesus sitzt beides drin: Faszination und Erschrecken, Nähe und Distanz.

■ Weil die Person Jesu zur Entscheidung herausfordert, ist auch die Taufe auf ihn von allem Anfang an ein Entscheidungsvorgang. Es geht um ein Ja und ein Nein, um Zustimmungskraft und Widerstandskraft in der Orientierung an Jesus. Wachstum und Reifung sind nur möglich durch Entscheidungsprozesse hindurch, in Begegnung und Auseinandersetzung. – Christ wird man nicht durch Geburt, sondern immer nur durch Wiedergeburt. Christsein bedeutet Umkehr, Wende. Diese Grundgestalt der Taufe zeigt sich in der Erwachsenentaufe. Auch sie will lebenslang neu angeeignet werden, wie Lebensentscheidungen überhaupt.

■ Die Kindertaufe kann diesen Entscheidungsprozeß nicht vermitteln; wir sollten es von ihr auch nicht fordern. Sie verpflichtet uns vielmehr dazu, die Kinder – entsprechend ihrer Entwicklung – an Jesus heranzuführen, der sie zu Menschen nach dem Bild Gottes gestalten möchte. Es wird deutlich, daß von daher Taufkatechumenat und Firmkatechumenat zusammenhängen. Mit der Tauffeier ist die Christ-werdung nicht abgeschlossen. Sie zielt auf die Firmung hin. Dieser Zusammenhang sollte in der Katechese verdeutlicht werden.

■ Es gibt im Glauben verschiedene Zeiten und Zonen des Wachsens und Reifens. Leider gibt es auch Wachstumsverweigerung und -verhinderung. Manche Getaufte kommen über ihren Kinderglauben nicht hinaus. „Wer nicht wächst, der schrumpft", sagt Teresa von Ávila als Summe ihres Lebens. Wachstum braucht freilich Zeit, und wer dauernd umgräbt, erntet nichts. Wie können wir den richtigen Boden und das richtige Klima schaffen, daß Glaube und Glaubensentscheidungen wachsen und reifen können?

■ Die Schriftlesung, ob einzeln oder in Gruppen, läßt uns neue Züge an Jesus entdecken. Wenn wir uns für die Begegnung auch mit dem fremden, dem unbekannten Jesus öffnen, kann in unserem Leben etwas in Bewegung kommen und neue Lebendigkeit wecken.

■ Die Heiligen, vorab die bei der Taufe geschenkten Namenspatrone, haben ihre besondere Bedeutung: In der Unterschiedlichkeit ihrer Lebensgeschichten bezeugen sie die herrliche Freiheit der Kinder Gottes. Jeder kann sein Gesicht und seinen Weg finden, seine Originalität, ohne in eine Schablone gezwängt zu werden.

Du bist als Stern uns aufgegangen,
von Anfang an als Glanz genaht.
Und wir, von Dunkelheit umfangen,
erblicken plötzlich einen Pfad.
Dem Schein, der aus den Wolken brach,
gingen wir sehnend nach.

Am Ende unserer weiten Fahrten
gabst du uns in dem Stalle Rast.
Was Stroh und Krippe offenbarten,
ward voll Erstaunen nur erfaßt.
Die Zeichen blieben nicht mehr Bild,
Verheißung war erfüllt.

Und über Stall und Stern und Hirten
wuchs Golgotha, dein Berg, empor.
Nah vor den Augen der Verirrten
trat aus der Nacht dein Kreuz hervor.
Dort neigtest du für uns dein Haupt.
Da haben wir geglaubt.

Vor deines Felsengrabes Höhlung
ward hart und schwer ein Stein gestemmt.
Am Morgen kamen wir zur Ölung
und fanden nur dein Totenhemd.
Kein Fels hat deinem Weg gewehrt.
Wir folgten, Herr, bekehrt.

In deines Herzens offene Wunde
hast selbst du unsere Hand gelegt,
uns bis zu deiner Abschiedsstunde
mit Brot und Wein bei dir gehegt.
Die Wolke, die dich aufwärts nahm,
trug uns aus Angst und Scham.

Als eine Taube, lichtumflossen,
hast du dich sanft herabgesenkt,
uns mit dem Feuerglanz begossen
und die Verlassenen beschenkt.
Denn weil der Himmel offensteht,
gabst du uns das Gebet.

Durch Stern und Krippe, Kreuz und Taube,
durch Fels und Wolke, Brot und Wein
dringt unaufhörlich unser Glaube
nur tiefer in dein Wort hinein.
Kein Jahr von unserer Zeit verflieht,
das dich nicht kommen sieht.

Jochen Klepper (1903–1942)

Jesus sagt: „Mein Vater ist bis heute am Werk, und ebenso bin ich am Werk." Neulich hat ein Mitglied unserer Gemeinschaft in einer Predigt gesagt: „Wenn man lange genug bei Gott rumhängt, beginnt Gott abzufärben." Man arbeitet nicht mehr aus irgendeinem moralischen Leistungsdruck heraus oder weil „man" als Christ dies oder jenes tun sollte. Wenn man mit jemandem zusammenlebt, dann färbt dessen Energie ab. Wenn man mit Gott lebt, dann beginnt Gott abzufärben. Das Wesen Gottes aber ist Kreativität, Schöpferkraft. Wer mit Jesus lebt, für den wird das, was Jesus will, immer mehr das, was er selbst auch will.

Richard Rohr

Das Merkwürdige an ihnen ist: Sie beten einen menschgewordenen Gott an, der sie lehrte, einander zu lieben; sie stellen ihn auch – da sie sich gar nicht anders als menschlich ausdrücken können – stellen ihn auf ihren Bildnissen als Menschen dar; sie selbst aber – und das ist das Merkwürdige an ihnen – gebärden sich göttlich; immer wieder versuchen sie, sich diesem Gott zu nähern, indem sie ihn darstellen, sich ein Bild von ihm machen. Und sie stellen ihn als leidenden, duldenden, sterbenden, als liebenden Menschen dar; sie selbst aber – und das ist erschreckend an ihnen – sie selbst aber gebärden sich unmenschlich; sie weigern sich, zu dem zu werden, was der von ihnen angebetete Gott freiwillig geworden ist: zu Menschen; wie Götter nehmen sie die Zukunft voraus, greifen in das Geschick anderer Völker ein, und so muß, wer als Fremder unter sie tritt, wer ihr Sinnen und Handeln nüchtern betrachtet, den Eindruck gewinnen, daß sie die Menschwerdung ihres Gottes nicht verstanden haben, vielleicht nicht verstehen wollen.

Heinrich Böll

4 Jesus Christus, gestorben und auferstanden

1. Biokult?

Bio – diese kleine Silbe ist ein Zauberwort unserer Zeit. Mit dem Wörtchen ‚bio' läßt sich alles verkaufen. Je biologischer, desto besser. Ähnlich beliebt ist das Wörtchen ‚vita'. Wer wollte nicht vital und gesund bleiben? Vitalität bis ins hohe Alter, das lassen wir uns gerne etwas kosten. Noch ein drittes Zauberwort gehört in diesen Zusammenhang: ‚life'. „Life is life", da braucht man jungen Leuten nichts mehr zu erklären. Von der Live-Show bis zum Life-Style steht dieses Wort nur für Begehrenswertes. Bio – vita – life, die Botschaft, die in diesen drei Zauberworten steckt, heißt Leben – Leben ist gut. Leben wollen alle, immer mehr, immer besser, immer intensiver, Lebensqualität ist gefragt, damit läßt sich Politik und Umsatz machen.
Bio, vita und life sind Signalworte unserer Fitness-, Gesundheits- und Schönheitskultur. Sie winken uns von Zeitschriften und Produkten aller Art zu. Sie rufen: Kauf mich, wenn du leben willst! Natürlich wissen die meisten von uns, daß diese Versprechungen der Werbung unhaltbar sind, daß die strahlenden, lebensstrotzenden Figuren der Plakatwände nur Modelle sind, nicht die Wirklichkeit. Aber können wir uns der dauernden suggestiven Wirkung der Werbebilder wirklich entziehen? Die unausrottbare Versu-

chung ist höchst aktuell: Wir halbieren das Leben.
Wir sind ganz gefangen von der Sonnenseite, und vor
der Schattenseite machen wir die Augen zu. Das gilt
vorab für die Schatten des Todes.

Leben und Tod, das sind für die meisten Zeitgenos-
sen zwei Welten, die getrennt nebeneinander stehen
oder aufeinander folgen, in jedem Fall sauber aus-
einanderzuhalten sind. Die Berührungsangst gegenüber dem Tod ist groß. „In seiner Einstellung zum
Tod tendiert man immer mehr dahin, sich auf den
Tod gerade nicht einzustellen. Man stellt ihn weg"
(E. Jüngel). Er ist abgeschoben in die Abstellkam-
mer unserer Gesellschaft. Der Vorhang am Leichen-
wagen deutet an, was geschehen ist: Der Tod ist den
Augen entzogen, kulturell und sozial unsichtbar. Er
stört das moderne, fortschrittliche Bewußtsein.

Was immer wir an Ablenkungsmanövern inszenie-
ren, Leben und Tod lassen sich nicht voneinander
trennen. Der Tod sitzt als Realität im Leben. Unsere
Sprache verrät uns: Wir können jemanden erledi-
gen, fertigmachen, kaltstellen, kaputtmachen ... Wir
können einen anderen totschweigen oder totreden,
ihn mundtot machen oder Rufmord begehen. Es gibt
Menschen, die über Leichen gehen. Wir leben mit
einem noch nie dagewesenen Tötungspotential der
Rüstung. Psychisches und soziales Siechtum wachsen.

„Sieh, so ist der Tod im Leben. Beides läuft so durch-
einander wie in einem Teppich die Fäden laufen"
(R. M. Rilke). Man kann versuchen, den Tod aus
dem Leben zu verdrängen. Aber was heißt dann Leben?

2. Dem Tod ins Angesicht schauen

Der Tod ist seit Urzeiten ein zentrales Thema der
Menschheit und der Religionen. Die Totenehrung
spielt in den allermeisten Religionen eine wichtige
Rolle. Die Grabbeigaben der steinzeitlichen Jäger
zeugen davon ebenso wie die monumentalen Pyra-
miden der Pharaonen. Man kann die Religionen der
Welt danach unterscheiden, wie sie sich der Realität
des Todes stellen.
Das Christentum zeichnet sich dadurch aus, daß es
den Tod nicht verdrängt, sondern sich mutig damit
auseinandersetzt. Christen setzen ihr Vertrauen auf
jenen Sohn Gottes, der durch seinen Tod die Welt er-
löst hat. *Das* Zeichen des Glaubens ist nicht der
strahlende Held mit dem Lorbeerkranz, sondern der
gekreuzigte Gottessohn mit der Dornenkrone. Seine
Wunden und der schreckliche Tod werden nicht ver-
leugnet, sondern öffentlich vorgezeigt, als Sinnbild
seiner schöpferischen Lebenshingabe. Das Kreuz
hat darum die ganze Christentumsgeschichte geprägt, in der Liturgie (besonders in der Bußzeit und
ausdrücklich etwa in der Kreuzverehrung des Kar-
freitags), in der Theologie und in der persönlichen
Frömmigkeit (Mystik). In der Volksfrömmigkeit
nimmt daneben auch das Bild der Schmerzensmut-
ter einen breiten Raum ein: Maria mit ihrem toten
Sohn auf dem Schoß.
Für die mittelalterliche Gesellschaft ist es typisch,
daß Todeserfahrung und Todesnot öffentlich verar-
beitet werden. Angstvisionen werden ausgeträumt
und dargestellt (Totentanz). Die Bilder vom Marien-
tod dienen als Motiv, das Sterben plastisch vor Augen zu stellen. Man stirbt im Kreis der Angehörigen,
keiner stirbt allein. Das Mittelalter hat eine eigene

Sterbekunst und Sterbekultur (ars moriendi, Sterbekunst) entwickelt. In ihr spielte die persönliche Be-
gleitung eine wichtige Rolle (amicus aegroti, Freund
des Kranken).

Die besondere Verbindung zum Tod und zu den Toten kommt auch in der christlich geprägten Bestat-
tungskultur zum Ausdruck, von den römischen
Katakomben an bis hin zu den Kirchhöfen. Sie werden zu „Friedhöfen" und „Gottesäckern". In und bei
der Kirche versammelt sich die „Gemeinschaft der
Heiligen", die sich aus Lebenden und Verstorbenen
zusammensetzt. In unseren Tagen ist es besonders
Mutter Teresa, die im öffentlichen Bewußtsein die
Tatsache wachhält, daß das Christentum sich keinem, auch noch so schmerzlichen Bereich des Lebens verschließt.

Sicher läßt sich nicht bestreiten, daß die Todesthe-
matik die christliche Frömmigkeit auch überfremdet hat (etwa in der Gerichtspredigt). Christlich
verstanden geht es auch im Tod um das Leben, so
wahr der Gekreuzigte auferstanden ist. Aber noch
als Auferstandener trägt er die Todeswunden als
Identitätszeichen.

3. Getauft auf Jesus Christus

„Ich bin gekommen, damit sie das Leben haben und
es in Fülle haben" (Joh 10,10). Diese Lebensverhei-
ßung Jesu zielt in eine andere Richtung als die Re-
klame der Bio-, Vita- und Lifeprodukte. Auch ihm
geht es um Gesundheit, Glück und Lebensfreude.
Hätte er sonst Kranke geheilt oder Wasser in Wein
verwandelt? Aber nicht ein kurzweiliges High-Life
möchte er den Menschen schenken, sondern das

ganze Leben, das auch die Tiefen des Leidens und des Todes nicht ausspart. So ist das Leben auf dieser Welt: kein Honigschlecken, sondern ein Sich-Abrackern und Abmühen mit den Schwächen und Fehlern der anderen und den eigenen. Ein jeder kämpft darum, einigermaßen glimpflich und unbeschadet über die Runden zu kommen, und doch steht am Ende der Tod. So ist das Leben. Ständig gefährdet, von Angst begleitet und allemal sterblich.

Jesus ist nicht wie ein junger Gott darüber hinweggegangen. Er hat Angst, Not, Schmerzen und Aussichtslosigkeit am eigenen Leibe erfahren. Der, der die Begegnung mit den Zukurzgekommenen suchte, ist im Leben selber zu kurz gekommen. „Wenn Jesus siebzig Jahre alt geworden wäre", lautet ein Buchtitel. Aber Jesus wurde nicht alt. Er wurde ein Opfer von Borniertheit, Haß und Ungerechtigkeit. Er hat gelitten, wurde gekreuzigt und begraben. An diesem tiefsten Punkt seiner Existenz setzt die größte Offenbarung Gottes ein. Der das Leben in allen seinen Dimensionen lebte und erlitt, der sich nicht an sein Leben klammerte, sondern es hingab für die anderen, er wird von Gott mit neuem Leben beschenkt, das unsterblich ist. Er ist der geliebte Sohn Gottes. Wie ein großer Bogen spannt sich diese Zusage über das öffentliche Wirken Jesu, von der Taufe im Jordan bis zur Bluttaufe auf Golgota.

Die Taufe stellt uns unter diesen Bogen des Gottesbundes im Namen Jesu Christi. In unser Leben ist sein Leben, in unseren Lebensweg ist sein Weg eingezeichnet mit allen Stationen, nicht zuletzt Tod, Grab, Auferstehung. Wir sind nicht mehr durch das Kainsmal signiert, sondern durch das Kreuzzeichen. Die Taufe ist *der* „Bund fürs Leben" – mit Jesus und dank seiner Zuwendung. „Wißt ihr denn nicht, daß

4. Jesus Christus, gestorben und auferstanden

wir alle, die wir auf Christus Jesus getauft wurden,
auf seinen Tod getauft worden sind? Wir wurden mit
ihm begraben durch die Taufe auf den Tod, und wie
Christus durch die Herrlichkeit des Vaters von den
Toten auferweckt wurde, so sollen auch wir als neue
Menschen leben. Wenn wir nämlich ihm gleich geworden sind in seinem Tod, dann werden wir mit
ihm auch in seiner Auferstehung vereinigt sein"
(Röm 6,3–5). Unsere biologische Kurve läuft von Geburt an auf den Tod zu. Unsere geistliche Lebens-
kurve läuft im Namen Jesu Christi aus dem Tod
(Untertauchen in der Taufe) auf das neue Leben zu.
Es gibt kein Zurück hinter das Grunddatum Taufe,
das uns verbunden hat mit dem Geschick Jesu in
Tod und Auferstehung.

4. Denkanstöße

■ Was hat mein Leben geprägt? Eltern, Familie, Ge-
schlecht, Freunde, Heimat, Bildung, Erbmasse,
Schicksalsschläge. Vieles ist vorgegeben, von außen
oder von innen, zum Guten oder zum Schlechten.
Und doch gibt es Wahl, Entscheidungen, eine unver-
wechselbare Lebensgeschichte. Ich bin nicht nur
„was", ich bin „wer". Wer ich bin, das entscheidet sich
wesentlich darin, wem ich in meinem Leben Raum
gebe, wovor ich mich fürchte, wem ich vertraue. Was
bedeutet es für meine Lebensgeschichte, daß ich im
Namen Jesu getauft und damit zum Leben und nicht
zum Tod gezeichnet bin? „Nur von Verwandelten
können Wandlungen ausgehen" (Kierkegaard).

■ Getaufte sind „Protestleute gegen den Tod"
(Ch. Blumhardt). Die Taufe verpflichtet zum Kampf

gegen alle Mächte, die das Leben behindern, verkrüppeln, verseuchen, ersticken, zerstören. Getaufte können gegen den Strom schwimmen. (Vgl. das polnische Sprichwort: „Um an die Quelle zu kommen, muß man gegen den Strom schwimmen.")

■ Wo habe ich falsche, weil einseitige Erwartungen an das Leben? Kann ich Erfahrungen des Scheiterns zulassen? Abschieds- und Sterbesituationen sind gefährliche Klippen des Lebens. Wie gehe ich damit um? Kann ich andere in solchen Situationen begleiten? – Können wir in der Kirche etwas zu Ende gehen lassen, nicht nur individuell, sondern auch Gruppen, Institutionen? Diese Art Sterbekunst könnte ein Zeugnis christlicher Freiheit und Entschiedenheit werden, das uns heute aufgegeben ist. Die ars vivendi (Lebenskunst) im Sinne eines neuen Anfangs gibt es nicht ohne die ars moriendi (Sterbekunst). Wer das Leben bis zum letzten Atemzug immer noch vor sich hat, ist von der Torschlußpanik befreit, das Letzte aus dem Leben herauspressen zu müssen wie aus einer Zitrone.

■ Anfang und Ende des Lebens geraten immer stärker unter den Zugriff menschlichen Planens und Steuerns. Um die Geburt des Menschen sind heute Themen wie Leihmutterschaft, Reagenzglasbefruchtung, Genanalyse bzw. Manipulation und Abtreibung versammelt. Im Zusammenhang mit dem Tod wird über Sterbehilfe und Euthanasie diskutiert. Wir Christen dürfen uns aus diesen wichtigen Themen nicht heraushalten. Wir dürfen uns von niemandem darin übertreffen lassen, von Anfang bis Ende für die Erhaltung und Gestaltung des Lebens einzutreten, aber nicht unter dem Banner des Biokults, sondern im Zeichen der Auferstehungshoffnung.

Wenn einer sich vornähme, das Wort Tod nicht mehr zu benützen, auch kein anderes, das mit dem Tod zusammenhängt, mit dem Menschentod oder mit dem Sterben der Natur. Ein ganzes Buch würde er schreiben, ein Buch ohne Tod, ohne Angst vor dem Sterben, ohne Vermissen der Toten, die natürlich auch nicht vorkommen dürften, ebensowenig wie Friedhöfe, sterbende Häuser, tödliche Waffen, Autounfälle, Mord. Er hätte es nicht leicht, dieser Schreibende, jeden Augenblick müßte er sich zur Ordnung rufen, etwas, das sich eingeschlichen hat, wieder austilgen, schon der Sonnenuntergang wäre gefährlich, schon ein Abschied, und das braune Blatt, das herabweht, erschrocken streicht er das braune Blatt. Nur wachsende Tage, nur Kinder und junge Leute, nur rasche Schritte, Hoffnung und Zukunft, ein schönes Buch, ein paradiesisches Buch. Marie Luise Kaschnitz (1901–1974)

Nicht gewöhnen

Ich soll nicht morden
Ich soll nicht verraten
Das weiß ich
Ich muß noch ein Drittes lernen:
Ich soll mich nicht gewöhnen

Denn wenn ich mich gewöhne
verrate ich
die die sich nicht gewöhnen
denn wenn ich mich gewöhne
morde ich
die die sich nicht gewöhnen
an das Verraten
und an das Morden
und an das Sich-gewöhnen

Wenn ich mich auch nur an den
Anfang gewöhne
fange ich an mich an das Ende zu gewöhnen. Erich Fried

Grabschrift

"Mein bist du"
Spricht der Tod
Und will groß Meister sein.
Umsonst –
Mir hat mein Herr
Versprochen: Du bist mein.

Albrecht Goes

Auferstehung

Vor seiner Geburt
war Jesus
auferstanden

Sterben gilt
nicht
für Gott und
seine Kinder

Wir Auferstandene
vor unserer Geburt

Rose Ausländer

Da der Tod (um genau zu sein) der wahre Endzweck unseres Lebens ist, habe ich es mir in den letzten Jahren angelegen sein lassen, diesen wahren, diesen besten Freund des Menschen so gut kennenzulernen, daß der Gedanke an ihn für mich nicht nur keinen Schrecken enthält, sondern mir großen Trost und Frieden des Geistes bringt.
Ich danke meinem Gott, daß er mir das Glück und die Gelegenheit geschenkt hat, den Tod als den Schlüssel zu unserem wahren Glück zu erkennen.
Ich gehe nie zu Bett, ohne darüber nachzudenken, daß ich vielleicht, so jung wie ich bin, am nächsten Tage nicht mehr leben werde. Und doch wird niemand, der mich kennt, sagen können, ich sei im Umgang mürrisch oder traurig. Für dieses Glück danke ich jeden Tag meinem Schöpfer und von ganzem Herzen wünsche ich dieses Glück all meinen Mitmenschen.

Wolfgang Amadeus Mozart (1756–1791), Aus einem Brief an seinen Vater

5 Ich glaube an Gott, den Vater

1. Abschied vom Patriarchat

Wir leben in einer Gesellschaft, in der sich das Verhältnis zwischen den Generationen tiefgreifend verändert. Viele Väter wollen nicht mehr so Väter sein, wie sie ihre Väter erlebt haben. Sie wollen etwa bei der Entbindung ihres Kindes dabei sein; sie teilen sich mit der Mutter die Pflege des Kindes, schieben ohne Scheu in aller Öffentlichkeit den Kinderwagen; manche tragen gar als „Hausmann" oder alleinerziehender Vater die Hauptlast der Erziehung. Sie tun dies im Bewußtsein, sich nichts zu vergeben, sondern Entscheidendes zu gewinnen: die Beziehung zu ihrem Kind, die sie selbst erst zum Vater werden läßt. Das alles läßt sich nicht als modischer Trend abtun, es reicht in die Tiefe des Geschlechterverhaltens. Im Gegensatz zur Mutter, die das Kind austrägt und stillt, sich also viel unmittelbarer an das Kind gebunden erlebt, muß der Vater das Kind noch „adoptieren". Erst indem er es entdeckt und von ihm wahrgenommen und angenommen wird, wächst er in seine Vaterrolle hinein. Väter kommen in gewisser Weise immer neun Monate später und haben eine Menge aufzuholen.

Vieles spricht dafür, daß wir – Männer und Frauen – an eine epochale Schwelle geraten; das Patriarchat in seiner Größe und seinen Grenzen, mit seinen

Licht- und Schattenseiten scheint im Abtreten begriffen. Der Prozeß ist langwierig und mühsam. Die irrige Vorstellung, der Vater allein sei der Spender des Lebens, hat zusammen mit bestimmten wirtschaftlichen und gesellschaftlichen Gegebenheiten den Vorrang der Männer als naturgegeben erscheinen lassen und die Väter in die Rolle des „Familien-Oberhauptes" gerückt. Der Platz am Kopfende des Tisches (in den bürgerlichen Familien um die Jahrhundertwende häufig von den Kindern getrennt), die Finanzhoheit, das Züchtigungsrecht, die Anredeform – all das hat dazu beigetragen, daß sich zwischen Vätern und Kindern oft kein Vertrauen entwickeln konnte, sondern mehr gefügige Unterordnung.

Das Bild des Vaters ist stark durch seine Übermacht bestimmt gewesen, den niemals einholbaren Vorsprung gegenüber dem Kind. Darin steckt durchaus Wahres: Wir können unseren Vater nicht einholen; wir mögen soviel leisten, wie wir wollen – wir können nicht erstatten, was wir ihm schuldig sind. Aber eben dieser Vorsprung kann leicht mißbraucht werden. In der Gesellschaftsordnung des Patriarchats werden die Väter eher dazu geführt, ihren Vorsprung auszubauen als abzubauen, Gehorsamsbereitschaft und eben oft auch Angst einzuimpfen, statt das Vertrauen zu stärken. Die Männer zahlen dabei einen hohen Preis für ihren Vorrang: Sie werden primär auf Leistung und Erfolg festgelegt, dürfen Gefühle nicht zeigen, sind äußerlich mächtig, innerlich aber abhängig von der Zuwendung ihrer Frauen, zumal ihrer Mütter. Zwischen dem überlieferten Rollenverständnis von Frauen und Männern, von Müttern und Vätern besteht ein vielschichtiger wechselseitiger Abhängigkeitszusammenhang. Und eben das spiegelt sich auch in Kirche und Theologie.

2. Licht und Schatten kirchlicher Vaterschaft

Wir sind dabei, aus den verwickelten Zusammenhängen des Patriarchats herauszufinden. Wir müssen uns dabei auch redlich dem Vorwurf stellen, die „Mutter" Kirche trage Mitschuld an patriarchalen Verengungen. Sie habe durch ihr Reden von „Gottvater" und den „Gotteskindern" eine Kluft zwischen Vater und Kind, zwischen Gott und Schöpfung entstehen lassen und sich dann als „Mutter" in eine höchst einflußreiche Zwischeninstanz eingesetzt. Durch die Einschärfung des vierten Gebotes habe sie die Unterwerfungsbereitschaft der Kinder nicht nur unter ihre Väter, sondern auch unter die staatliche Obrigkeit gefördert – mit allen Konsequenzen. Die überlieferte kirchliche Rede vom Abbé, Pater und Heiligen Vater habe nicht selten kindliche, ja kindische Abhängigkeiten religiös eingeübt und den Prozeß geistlichen und menschlichen Erwachsenwerdens aller Glaubenden behindert.

Demgegenüber hat die Kirche auch an der Größe der patriarchalen Kultur Anteil. In der geistlichen Vaterschaft, in der einfühlsamen Seelenführung, im Lehrer-Schüler-Verhältnis sind Werte zur Entfaltung gekommen, die so in demokratischen Strukturen kaum entwickelt sind. Von den zahlreichen Ordensregeln ist die des heiligen Benedikt eines der kostbarsten Dokumente brüderlich autoritativer Seelenführung und Gemeinschaft. Sie hat eine jahrhundertelange Erfahrung und Praxis zusammengefaßt und auf ihre Weise die Geschichte geprägt. Hinzuweisen ist auch auf die Wüstenväter und Wüstenmütter, auf die Meister und Meisterinnen der Mystik und der geistlichen Beratung und Führung.

Ein Grundproblem der Menschen ist gerade in der Geschichte der christlichen Kirchen durch die Impulse des Evangeliums klarer erkannt und nicht selten mutiger realisiert worden: die Frage, wie wahre und falsche Autorität zu unterscheiden sind. In Orientierung an Jesus wurde programmatisch verdeutlicht, daß Brüderlichkeit und Schwesterlichkeit ebenso wichtig sind wie Vaterschaft und Mutterschaft. Keine dieser Grundgestalten darf gegen die andere ausgespielt, keine durch die andere einfach ersetzt werden. In der symbolischen Rede von Vater und Mutter, von Vater Gott, auch von Mutter Gott ist das Geheimnis ausgesprochen, daß Gott uns immer voraus ist und bleibt. Wir empfangen unser Heil von ihm, wir brauchen es selbst nicht zu schaffen, wir sind und bleiben seine Kinder – ganz analog dazu, daß wir auch biologisch und psychologisch stets Söhne und Töchter unserer Väter und Mütter bleiben, auch wenn wir hundert Jahre alt werden.

Dieser elterliche Lebensvorsprung von Gottes Gnaden konnte freilich auch in der Kirche mißverstanden, falsch ausgelegt oder ganz pervertiert werden. Dann wird aus der wahren, gottgemäßen Autorität ein autoritäres Verhalten, in dem einige wenige über viele andere herrschen zu sollen meinen. Wo dies gar im Namen Gottes geschah, wurde Gott selbst in die menschliche Geschichte von Machtwillen und Selbstsucht hineingezogen. Dann wurden auf ihn selbst die Züge des herrschsüchtigen, willkürlichen Patriarchen übertragen, damit Menschen in seinem Namen – in Wahrheit aber gegen seinen Willen – sich selbst auf Kosten anderer auslassen konnten.

3. Eine jahrtausendelange Lerngeschichte mit Gott

Die Bibel bezeugt eine schier unglaubliche Lerngeschichte, in der immer deutlicher erkannt und anerkannt wird, wer der lebendige Gott selbst ist: ebenso einseitig zuvorkommend wie unerbittlich einfordernd in der Liebe, ein leidenschaftlich sich bindender Gott. Natürlich ist auch die Bibel in grundsätzlich patriarchalen Verhältnissen entstanden und spiegelt sie wider. Um so erstaunlicher ist, wie außerordentlich zurückhaltend sie etwa das Wort „Vater" für Gott verwendet. Auf keinen Fall soll der Eindruck erweckt werden, als ob zwischen Gott und seinem Volk ein Verwandtschaftsverhältnis bestehe, das abhängig macht, so wie nach altorientalischer Anschauung vielfach die Götter als die leibhaftigen Väter von Stämmen betrachtet wurden. Israels Verhältnis zu Gott gründet nicht auf biologischer Zeugung, sondern auf Zuwendung und Erwählung. Gott ist Vater, weil er sein Volk aus Ägypten gerufen (Hos 11, 1), aus der Sklaverei des Pharaos befreit (Ex 4, 23) und in das Land der Freiheit geführt hat (Jer 3, 19). Der Vatername ist also nur ein Bild für Gottes Verhältnis zu Israel, das auf kühne Weise partnerschaftlich verstanden wird, als Bund, der auf Rechten und Pflichten gründet, auf Treue und Glauben.

Erstaunlich freilich ist, wie selbstverständlich neben der Vater-Anrede auch das Muttersymbol verwendet wird (Hos 11; Jes 54). Nicht die Worte und „Rollen" als solche sind entscheidend, sondern das gemeinte Verhältnis selbst.

Eines der bewegendsten Bekenntnisse Israels zu Gott als seinem Vater ist eingebettet in die Klage über das selbstverschuldete Elend des Exils:

„Wie Unreine sind wir alle geworden,
unsere Gerechtigkeit ist wie ein schmutziges Kleid.
Wie Laub sind wir alle verwelkt,
unsere Schuld trägt uns fort wie der Wind ...
Und doch bist du, Herr, unser Vater.
Wir sind der Ton, und du bist unser Töpfer,
wir alle sind das Werk deiner Hände" (Jes 64,5.7).

Dieses Wort markiert unübersehbar die Situation, von der aus Israel den Mut gewinnt, Gott daran zu erinnern, daß er der Vater seines Volkes ist: Das Volk ist am Ende. Aber die wirklichen Krisen führen, wenn wir ihnen nicht ausweichen, zu einer neuen Freiheit. Hier wagt ein Volk, das durch seine eigene Schuld am Ende ist, die Treue dessen einzufordern, der sich ihm im „Bund" am Sinai für immer vermählt hat. So kann man wirklich nur reden, wenn man nicht mit einem Tyrannen, sondern mit seinem Vater spricht, und zwar nicht wie ein unmündiges Kind, sondern wie ein erwachsener Sohn oder eine erwachsene Tochter.

Genau diese Linie wird bei Jesus fortgesetzt. Er selber spricht Gott mit der familiär-vertraulichen Anrede „Abba" an. Er lehrt uns, „Vater unser" zu sagen. Er ist geprägt von einer fast unerbittlichen Autorität, die gleichermaßen geben und – innerhalb derselben Beziehung – fordern kann. Genau darauf kommt es an in der Rede von Gott. Es geht um eine Liebe, die nicht nur verbindet, sondern auch verbindlich macht und wechselseitige Verbindung und Verbindlichkeit ermöglicht! Was wäre eine Liebe, in der wir einander nicht zutrauen und zumuten, mit Mut und auch mit Demut, Ansprüche aneinander zu stellen und einzuklagen. So spricht die Bibel des Alten und Neuen Testamentes von Gott, und so soll es brüderlich und schwesterlich in der Kirche sein.

Darum „sollt ihr niemand auf Erden euren Vater nennen; denn nur einer ist euer Vater, der im Himmel" (Mt 23,9).

4. Denkanstöße

Wie vermag das Bekenntnis zu Gott, unserem Vater, unser Leben zu bestimmen? Welche Verheißung liegt von der Taufe her über unserem Leben?

■ Der Gott, der uns geschaffen hat, macht uns in der Taufe zu seinen Töchtern und Söhnen. Wir umgekehrt gewinnen den freien Zugang von Kindern zu ihrem Vater. Wir sind in die Kindesbeziehung hineingenommen, in der Jesus Christus zum Vater steht: „In ihm haben wir den freien Zugang durch das Vertrauen, das der Glaube an ihn schenkt" (Eph 3,12).

■ Von dort her verändert sich das Verhältnis des Getauften zu jedweder Autorität. Wer getauft ist, gehört nicht mehr seinen Eltern; er gehört erst recht nicht dem Staat. Er gehört auch nicht der Kirche. Er gehört allein Gott. Er ist ein Freier (historisch gesehen hat die Taufe wesentlich mit zur Abschaffung der Sklaverei geführt). Darum gibt es für den Getauften auch nur mehr geschwisterliche Instanzen (vgl. Mt 23,9), ohne falsche Autoritätshörigkeit, ohne falsche Unterwerfungsbereitschaft und Ängstlichkeit. Kann man das in der Kirche erfahren?

■ Nicht den Titel, wohl aber die Haltung des Vaters im Himmel dürfen wir uns zu eigen machen, die Großmut des Vaters, der zu seinen Kindern steht,

wohin ihr Weg auch führt: „Denn er läßt seine Sonne
aufgehen über Bösen und Guten, und er läßt regnen
über Gerechte und Ungerechte" (Mt 5,45). Auf diesem Hintergrund ist das Bemühen junger Väter,
eine Beziehung zu ihren Kindern zu suchen, die deren Eigenständigkeit achtet und fördert, ein Schritt
nicht nur aus dem Patriarchat, sondern auf die Väterlichkeit zu, in der Gott der Vater aller ist. Die
wahre Größe des Vaters zeigt sich darin, daß er seine
Kinder nicht klein und abhängig hält, sondern in seiner Nähe groß und frei werden läßt.

■ Wo Kinder kein elterlich autoritatives Gegenüber
finden, fühlen sie sich in Wahrheit nicht ernst genommen. Ein bloßes Laissez-faire wäre entwürdi-
gend und entmutigend. Zutrauen und Zumuten
gehören zum Wachstum, zur Reife von Beziehungs-
kraft und Partnerschaft, zur Ausbildung von Zustim-
mungs- und Widerstandskraft. Es gilt zu unterscheiden, wo wir uns hinter Eltern- oder Kinderrollen
verstecken und wechselseitig abhängig machen,
oder wo wir uns in die Freiheit führen lassen und
führen. Letzteres ist die Frucht geistlicher Vater-
und Mutterschaft. Ihr Werden und Gedeihen ist
nicht an die körperliche Elternschaft gebunden,
auch wenn sie durch diese gefördert und erfordert
wird.

■ Wahre elterliche Autorität zeigt sich auch im Mut,
Fehler zugeben zu können, Schwächen zu zeigen
und sich bedürftig zu wissen durch Fragen, Kritik
und Korrektur von anderen, gerade der Kinder.

Zum Kozker Rabbi kam ein Mann und beklagte sich über seine Söhne, die ihn in seinem Alter, da er dem Erwerb nicht mehr nachgehen könne, nicht unterstützen. „Immer war ich für sie da", sagte er, „und jetzt achten sie mein nicht." Der Rabbi hob die Augen zum Himmel und schwieg. „So ist es", sagte er dann leise, „der Vater nimmt teil am Leid der Söhne, aber die Söhne nehmen nicht teil am Leid des Vaters."

Chassidische Erzählung

Klinische Nachuntersuchung: „Alles o. k." – Vere dignum et justum est, tibi semper et ubique gratias agere. Aber auf dem Weg durch die Korridore seh' ich die Elenden wieder – dann ist mir nichts mehr o. k. Es ist schlimm, sich hilflos der Willkür des Universums ausgeliefert zu wissen. Aber wird alles nicht noch schlimmer, wenn ich mich als „Kind Gottes" glaube? „Kein Spatz fällt vom Dach ohne den Willen eures Vaters im Himmel" – wer das sagt und aufs Wort glaubt (und zu glauben heißt), kann für die Misere der Wesen, die „mehr wert als viele Spatzen" sind, nur deren „Vater", nicht irgendeinen kosmischen Schädling, der ja selbst auch ein Geschöpf desselben Vaters wäre, verantwortlich machen. Aber je kindlicher ich an den „Vater" glaube, desto unverständlicher wird mir die Väterlichkeit des „Willens", der den Kindern, kollektiv und individuell, allerhand „Unwürden" (E. Bloch), Elend und Marter verfügt. – Dem Glaubenden bereitet der Vaterglaube unsägliche Beschwerden. Gib's auf, es begreifen zu wollen! Oder: Laß den Vatergott fahren und halt es mit Mark Aurel: Leugne das Leiden, deute es um, bagatellisier und ertrag es! Oder: Bastle dir eine Theodizee, vielleicht kommst du mit der theologischen Notlüge zurecht! Oder – sei ein Christ, vielleicht schaffst du es, dein unheilbares, dich langsam zu Tode quälendes Karzinom in das Streicheln der „väterlichen" Hand zu verwandeln.

Fridolin Stier

6 Der allmächtige, ohnmächtige Gott

1. Supermacht ...

Macht gehört zum Menschsein; die Machtfrage durchzieht die ganze Menschheitsgeschichte. Es ist also naiv, sie zu verharmlosen oder gar zu leugnen. Ebenso kurzschlüssig ist es, sie zu verteufeln oder zu verherrlichen. Es kommt darauf an, wie Macht gestaltet und genutzt wird, ob zum Guten oder zum Bösen, ob transparent oder verdeckt, gar hinterrücks. Sie bietet große Möglichkeiten zum Wohl der Menschen, ist aber „jenseits von Eden" zugleich gefährlich und abgründig.

Weltmacht, Supermacht – das läßt an Allmacht denken. In der Tat, der Griff nach den Sternen ist nicht mehr nur ein Traum. Das Bewußtsein, alles machen zu können, hat sich zu einer Art „Gotteskomplex" entwickelt. Aber just in dem Augenblick, in dem unsere Bäume in den Himmel zu wachsen scheinen, beginnen sie zu sterben. Erst die Abgründe des Risikos, in das uns die Experimente mit der Macht treiben, hat ein Nachdenken ausgelöst: Machtkontrolle, Machtbegrenzung, Machtverzicht sind zu Fragen des Überlebens der Menschheit geworden.

Zweifellos hat die Neuzeit mit der Gewaltenteilung und den demokratischen Formen der Machtkontrolle Wichtiges geleistet. Aber zum einen reicht das bisher fast nur auf nationaler Ebene entwickelte In-

strumentarium angesichts der Machtfrage im Welt-
maßstab heute nicht aus. Zum anderen schützen
Aufklärung und fortschrittliches Bewußtsein nicht
vor Ideologie und Diktatur.

In den letzten Jahren haben wir miterlebt, wie
schier unangreifbare Machtsysteme zusammenbra-
chen. Wir wurden Zeugen der Ohnmacht der Mächtigen und der Macht der Ohnmächtigen. Es zeigte
sich, welche Macht Diktaturen allein dazu aufbrin-
gen müssen, die eigenen Machenschaften zu vertu-
schen und den Widerstandswillen derer in Schach zu
halten, die man zu vertreten vorgibt. Mit der Unter-
minierung diktatorischer Machtsysteme ist freilich
zugleich deutlich geworden, wie gefährlich ein
Machtvakuum ist. Die Arroganz der Macht ist in Ost
und West, in Nord und Süd eine bleibende Gefahr.

2. Macht und Kirche

Das Bild vom allmächtigen Gott beschäftigt unsere
Phantasie von Kindertagen an, ist er doch wie der eigene Vater. Gott kann alles, was er will, und das
möchten wir auch können. Ganz offensichtlich nehmen wir da als Kinder teil an der Lerngeschichte der
Menschheit. Denn genauso sehen ja die Mythen der
Völker, die Religionen der Erde Gott mit unendlicher
Macht umgeben. Die Götter können in die Ge-
schicke der Menschen und in den Gang der Geschichte eingreifen. Priester und Orakel versuchen,
ihren dunklen Ratschluß zu erfassen; Opfer und Ri-
tual müssen sie gnädig stimmen.

Ist der Gott, an den wir glauben, in dieser Welt zu
Hause? Unsere eigene Gottesvorstellung hängt wesentlich vom Wachstumsstadium unseres Glaubens

ab. „Als ich ein Kind war, redete ich wie ein Kind,
dachte wie ein Kind und urteilte wie ein Kind. Als
ich ein Mann wurde, legte ich ab, was Kind an mir
war" (1 Kor 13,11). Der Alles-Könner-Gott, der un-
angreifbar und unanfechtbar über der Welt thront,
ist eher das Produkt kindlicher und allgemein religi-
öser Vorstellungen und säkularer Machtphantasien,
als daß er der christlichen Offenbarung entspräche.
Oft genug aber haben diese Vorstellungen den Glauben überfremdet. Sie haben Christen dazu geführt,
sich mit solcher „Allmacht" Gottes zu verbünden, um
selbst an ihr teilzuhaben und Machtzuwachs zu gewinnen, statt sich von Gott in die eigenen Grenzen
weisen zu lassen. Die Geschichte des Umgangs der
Kirche mit ihren Abweichlern, den Ketzern und den
Ungläubigen, kennt Machtmißbrauch und Glau-
benskriege.

Es gehört zur Ehrlichkeit gegenüber unserer eigenen Geschichte, das nicht zu verschweigen. Wieviel
ungezügelter Machtwille, wieviel verborgener und
offenkundiger Machtmißbrauch ist auch bei uns an-
zutreffen. Wenn wir seit dem letzten Konzil in der
Kirche verstärkt von der Macht der Liebe und des
Dienens sprechen, so ist das nur glaubwürdig, wenn
wir uns hinsichtlich unseres eigenen Machtstrebens
nichts vormachen. Es kommt darauf an, zwischen
wahrer und falscher Selbstlosigkeit, zwischen wahrer und falscher Machtausübung, zwischen Dienst
aus Glauben und Dienst aus Unglauben zu unterscheiden. Machtwille als Dienst getarnt, ist uner-
träglich. So etwas gibt's in der Kirche seit den Zeiten
der Zebedäus-Söhne (vgl. Mk 10,35–45) mit ihrer
Sehnsucht nach den Schaltstellen der Macht. Wie ist
der unter den Bedingungen der Sünde faktisch all-
herrschende Wille zur Macht kirchlich zu bändigen?

3. Die Allmacht der ohnmächtigen Treue und Liebe

Die in der Bibel bezeugten Erfahrungen hinsichtlich der Macht überraschen: Gott offenbart sich im Laufe der Geschichte nicht durch ständige Machterweiterung, sondern durch wachsenden Machtverzicht. Das Geheimnis seiner Allmacht ist seine ohnmächtige Liebe und Treue. Der Psalm 44 läßt diesen Offenbarungsprozeß deutlich erkennen:

„Du, mein König und mein Gott ...
Mit dir stoßen wir unsere Bedränger nieder,
in deinem Namen zertreten wir unsere Gegner."
(Ps 44,5f.)

Im Hintergrund solcher Worte steht die erfahrene Befreiung aus der Knechtschaft Ägyptens. Inzwischen aber ist Gott für die Beter zur Supermacht geworden. Mit seiner Hilfe wollen sie wie die Stiere ihre Gegner zu Boden stoßen und zertrampeln. Doch Gott läßt sich nicht ein auf diese Rolle des Haudegens „mit erhobener Hand und machtvollem Arm". Israel muß lernen, daß Gott ganz anders ist. Davon spricht die zweite Hälfte des Psalms aus der Erfahrung der Exilsgeneration:

„Doch nun hast du uns verstoßen
und mit Schmach bedeckt,
du ziehst nicht mit unserem Heer in den Kampf ...
Du machst uns zum Spottlied der Völker,
die Heiden zeigen uns nichts als Verachtung."
(Ps 44,10.15)

Ist Gott machtlos? Ist er im Vergleich zu den siegreichen Göttern Babylons nur ein ohnmächtiger Provinzgott? Hat er sich im Groll zurückgezogen? Sieht er nicht, wie sein Volk trotz aller Verfehlungen ihn nicht vergessen kann? In der finstersten Stunde seiner Existenz in Babylon muß Israel lernen, daß Gott sich nicht mit Gewalt durchsetzen will. In seiner eigenen Ohnmacht beginnt das Volk, Gottes Machtverzicht zu bejahen. Der Psalm schließt:

„Unsere Seele ist in den Staub hinabgebeugt,
unser Leib liegt am Boden.
Steh auf und hilf uns!
In deiner Huld erlöse uns!" (Ps 44,26 f.)

Dem Knecht Israel, der um Hilfe schreit, antwortet er mit der prophetischen Vision des „Gottesknechtes", der im Verzicht auf Gewalt seinen Leidensweg geht und gerade darin die verwandelnde Macht Gottes offenbart (vgl. Jes 42; 49; 50; 52). Gottes Allmacht ist die Ohnmacht seiner Treue und Liebe, die den Weg der Menschen bis zum Äußersten mitgeht. Diese Art von Macht kennzeichnet den Weg Jesu. Er verzichtet im Ölgarten auf das Schwert (Mt 26,51 f.); er geht freiwillig in ein Gerichtsverfahren, das ihm keine Chance läßt; er beugt sich unter das Kreuz, das sein Leben und seine Würde auslöschen soll. So offenbart er Gott, der den Teufelskreis von Gewalt und Gegengewalt sprengt, der die Leiden dieser Welt teilt und so Erlösung stiftet.

Ist das nicht Schwäche, ist Gott da nicht unter seinem Niveau? Von außen betrachtet mag das so scheinen, in Wahrheit aber liegt da Gottes Stärke und verwandelnde Macht. Sie bewegt etwas, sie verändert die Verhältnisse. Sie ist deshalb die „größere Macht", größer als das Gepränge bloßer Machtentfaltung, das der Teufel Jesus in der Versuchung anbietet (Lk 4,6 f.). Solche Macht, die sich nur die Mächtigen gegenseitig zusprechen, einander weiterreichen oder entreißen, erhält nur den Status quo:

hier Mächtige, dort Ohnmächtige. Sie steht nur für die stärkere Hälfte des Ganzen, ist also im wahrsten Sinne des Wortes halbstark. Die verwandelnde Macht der Liebe umfängt dagegen nicht nur die Starken, sondern besonders die Schwachen. Die Allmacht Gottes ist jene Macht, die sich auf die Letzten bezieht. Gott ist nicht allmächtig, weil er alles kann, was er will, sondern weil er auch noch die Macht der Vergeltung durch die Macht der Liebe verwandeln kann, weil er auch denen zugewandt bleibt, die es nicht mehr verdienen. Solche verwandelnde Macht ist die größere Macht, weil sie neue Energien freisetzt, neue Wege aufstößt, eine neue Schöpfung entstehen läßt.

4. Denkanstöße

Indem wir „auf den Tod Jesu getauft werden", sind wir auf diesen Weg der Erlösung der Welt gerufen. Welche Konsequenzen hat das für unseren Lebensentwurf? Wenn sich die Allmacht Gottes gerade im Machtverzicht offenbart, ergeben sich daraus entscheidende Impulse zu einem christlichen Umgang mit der Macht:

■ Seit alters her wird der Täufling gefragt, ob er dem Satan und „all seinem Gepränge" (vgl. Lk 4,5–7) widersagt. Es geht darum, der Faszination der Macht zu entsagen und den Weg der Gewaltlosigkeit zu wählen, den Jesus vorgezeichnet hat. Es geht darum, den Teufelskreis von Gewalt und Gegengewalt zu sprengen. Christen dürfen beim „Wie du mir, so ich dir" nicht stehenbleiben. Sie sind herausgefordert zu schöpferischer Liebe, die dem anderen ent-

gegenkommt, wo er es nicht erwartet, ihn beschenkt, wo er es nicht erhofft, und ihm vergibt, wo
er es nicht verdient hat. Das erfordert freilich auch,
sich die eigene Lust an der Macht einzugestehen
und durchzuarbeiten. Moralische Appelle und gute
Vorsätze allein bewirken nicht viel.

■ Zur Macht, zu der wir in der Taufe ermächtigt
sind, gehört der Mut, an der Seite der Armen zu stehen und die in der weiten Welt und in unserer Umge-
bung wahrzunehmen, die „unter die Räuber gefallen
sind". Die Taufe ist die Option für eine Kirche, in der
nicht ein paar Gesunde und Starke etwas für ein
paar Schwache und Arme tun, sondern der eine mit
der eigenen freien Schulter die Last des anderen zu
tragen bereit ist. Es ist die Option für eine Kirche, in
der Behinderte und Nichtbehinderte, Große und
Kleine, Alte und Junge wechselseitig einander ermutigen, voneinander lernen, einander entlasten.
Gott hat seine Kirche nicht als Gemeinschaft der Gesunden, der Starken und der Gerechten gedacht,
sondern als eine Gemeinschaft von Gesunden und
Kranken, Starken und Schwachen, Heiligen und
Sündern, in der einer des anderen Last trägt und
alle gemeinsam an der Last der Welt mittragen.

■ Wenn Gottes Allmacht sich im Machtverzicht offenbart, dann hat das für die Kirche Konsequenzen
hinsichtlich des Umgangs mit der Macht. Ob die Kirche in ihrer gegenwärtigen Verfaßtheit schon die
Möglichkeiten zu einer evangeliumsgemäßen
Machtkontrolle realisiert hat, bleibt eine bohrende
Frage. Hat sie die Kraft, eine schöpferische Alterna-
tive des Umgangs mit der Macht im Vergleich und
Unterschied zu den gesellschaftlichen Verhältnissen

auszubilden? Die Ordensgemeinschaften haben in Sachen evangeliumsgemäßer Machtausübung und Machtkontrolle eine Menge Vorarbeit geleistet. Die dort gefundenen Modelle für Beratung, Wahlen, für die funktionale und zeitliche Teilung von Amtsgewalt haben sich zum Teil über Jahrhunderte bewährt. Ohne eine Zivilisierung der Macht wird es keine Zivilisation der Liebe geben.

Christen und Heiden

Menschen gehen zu Gott in ihrer Not,
flehen um Hilfe, bitten um Glück und Brot,
um Errettung aus Krankheit, Schuld und Tod.
So tun sie alle, alle, Christen und Heiden.

Menschen gehen zu Gott in Seiner Not,
finden Ihn arm, geschmäht, ohne Obdach und Brot,
sehen Ihn verschlungen von Sünde, Schwachheit und Tod.
Christen stehen bei Gott in Seinen Leiden.

Gott geht zu allen Menschen in ihrer Not,
sättigt den Leib und die Seele mit Seinem Brot,
stirbt für Christen und Heiden den Kreuzestod,
und vergibt ihnen beiden.

Dietrich Bonhoeffer (1906–1945)

Das Höchste, das überhaupt für ein Wesen getan werden kann, ist, es frei zu machen. Eben dazu gehört Allmacht, um das tun zu können. Das scheint sonderbar, da gerade die Allmacht abhängig machen sollte. Aber wenn man die Allmacht denken will, wird man sehen, daß gerade in ihr die Bestimmung liegen muß, sich selber so wieder zurücknehmen zu können in der Äußerung der Allmacht, daß gerade deshalb das durch die Allmacht

Gewordene unabhängig sein kann. Darum geschieht es, daß der eine
Mensch einen anderen nicht ganz frei machen kann … da in aller
endlichen Macht (Begabung und so weiter) eine endliche Eigenliebe ist,
nur die Allmacht kann sich selber zurücknehmen, während sie hingibt, und
dieses Verhältnis ist gerade die Unabhängigkeit des Empfängers. Gottes
Allmacht ist darum seine Güte. Denn Güte ist, ganz hinzugeben, aber so,
daß man dadurch, daß man allmählich sich zurücknimmt, den Empfänger
unabhängig macht. Alle endliche Macht macht abhängig, nur die Allmacht
kann unabhängig machen, aus nichts hervorbringen, was Bestand hat in
sich dadurch, daß die Allmacht beständig sich selber zurücknimmt. (…)
Nur die Allmacht vermag es in Wahrheit.

Sören Kierkegaard (1813–1855)

Ich lernte unseren Küster Mosche gegen Ende des Jahres 1941 kennen,
als ich zwölf Jahre und tief gläubig war. Tags lernte ich im Talmud, und
abends lief ich in die Synagoge, um die Zerstörung des Tempels zu
beweinen. Er hatte mich eines Tages beobachtet, als ich in der
Abenddämmerung betete.
„Warum weinst du beim Beten?" fragte er, als kenne er mich seit langem.
„Ich weiß nicht", erwiderte ich verstört. Die Frage war mir nie gekommen.
Ich weinte, weil … etwas in mir weinen wollte. Ich konnte nichts dazu
sagen.
„Warum betest du?" fragte er mich eine Weile später. „Ich weiß es nicht",
antwortete ich, noch verwirrter, unbefangener. „Ich weiß es wirklich
nicht."
Von diesem Tage an sah ich ihn häufig. Er versuchte mir eindringlich zu
erklären, daß jede Frage eine Kraft besitzt, welche die Antwort nicht mehr
enthält. „Der Mensch erhebt sich zu Gott durch die Fragen, die er an ihn
stellt", pflegte er immer wieder zu sagen. „Das ist die wahre Zwiesprache.
Der Mensch fragt, und Gott antwortet. Aber man versteht seine Antworten
nicht. Man kann sie nicht verstehen, denn sie kommen aus dem Grunde
der Seele und bleiben dort bis zum Tode. Die wahren Antworten, Elieser,
findest du nur in dir."
„Und warum betest du, Mosche?" fragte ich ihn. „Ich bete zu Gott, der in
mir ist, daß er mir die Kraft gebe, ihm wahre Fragen zu stellen."

Elie Wiesel

In der Gemeinschaft des Geistes durch Christus zum Vater

Bewußt haben wir mit dem dritten Taufversprechen angefangen: Im Heiligen Geist, in der Gemeinschaft der Glaubenden sind wir durch und dank Jesus Christus unterwegs zum Vater und zu seinem Reich der Gerechtigkeit, der Liebe und des Friedens. Wir dürfen an jenen Gott glauben, aus dem wir (wieder)geboren sind, der uns durch seinen Sohn entgegenkommt und in seinem Geist unter uns wirkt (vgl. die Formel „vom Vater durch den Sohn im Heiligen Geist"). Dieser Geist wiederum ist es, der uns – dank Jesus Christus – voranbringt und „heimführt" zum Vater (vgl. die Formel „in der Gemeinschaft des Geistes durch Christus zum Vater"). Das ist die Dynamik des eucharistischen Hochgebetes, das ist die Haltung allen christlichen Betens und Lebens.

Es ist also keineswegs nebensächlich, daß wir Christen Gott als den dreieinigen bekennen. Er ist der einzige, weil wir uns allein von ihm erwählt wissen und ihn glaubend wählen. Er hat in der Geschichte der Glaubenden geoffenbart, wie er ist: unendlich weiträumig in sich, unendlich aufgeschlossen und beziehungsreich für uns. „Im Hause meines Vaters sind viele Wohnungen ..." (Joh 14,12). Keiner der drei Glaubensartikel darf isoliert gelesen werden, jeder erschließt und erläutert den anderen. Was wüßten wir christlich von Gott zu sagen ohne Jesus und ohne seinen Geist mitten unter uns? Wie könnten wir Jesus als den Christus Gottes und unseren Retter bekennen ohne seinen Geist? Wer aber wäre Jesus für uns ohne seinen und unseren Vater? Wie könnten wir Gott Vater nennen ohne seinen Geist mitten unter uns? Ein kostbares Beziehungsgeschehen, in dem wir Anteil haben am Gottesverhältnis Jesu und diesen Gott bekennen dürfen als den, der mit uns für immer einen Bund geschlossen hat.

Weit davon entfernt, eine abgelegene Spekulation zu sein, ist der trinitarische Gottesglaube das Herzstück des Christlichen überhaupt. Sein Sitz im Leben ist das Taufversprechen. In der eucharistischen Gemeinschaft feiern wir jene Beziehung, jene Communio, die Gott selber ist. So geschieht Wandlung. Mit Amen antwortet deshalb die Gemeinde auf dieses Geheimnis des Glaubens:

Durch Christus
und mit ihm
und in ihm
ist dir, Gott, allmächtiger Vater,
in der Einheit des Heiligen Geistes
alle Herrlichkeit und Ehre
jetzt und in Ewigkeit.
Amen.

Gotthard Fuchs

Gemeinde ohne Entscheidung?

Anregungen für das gemeinsame Entdecken
des Glaubens in der Gemeinde

Je mehr mit den Menschen und Völkern auch die
Christen und Kirchen zusammenwachsen, desto
herausfordernder wird der wechselseitige Lernpro-
zeß. In Gesprächen mit Christen und Theologen, zumal aus Lateinamerika, aus Asien und Afrika,
taucht immer wieder die Frage auf, warum denn die
alteuropäische Christenheit häufig so resignativ sei
und so alt aussehe. Es fehle an Leidenschaft und Vi-
sionskraft, es mangele an Mut zu klaren Entscheidungen, Prioritäten und Optionen. Man wolle es
auch kirchlich und christlich allen recht machen und
gerate dadurch in die Gefahr, das besondere Profil
des Christlichen, die Hierarchie der Wahrheiten und
die daraus folgenden Optionen zu verunklären.
Nicht zufällig hatte z.B. die lateinamerikanische
Kirchenversammlung von Puebla 1975 zusammen
mit dem Papst eine vorrangige Option für die Armen
und für die Jugend verbindlich vereinbart. Diese
geistliche und pastorale Option hat notwendiger-
weise Bedeutung nicht nur für einzelne, sondern für
die Beurteilung des politischen, wirtschaftlichen
und kulturellen Systems im ganzen. Letzter Grund
und treibende Kraft in dieser Entscheidung ist ausschließlich der Glaube an Gott. Gerade weil Gott in
Jesus Christus und seinem Geist das Heil *aller* Menschen will und schafft, wendet er sich mit *besonderer*

Vorliebe den Ärmsten der Armen zu. Die Erwählung der „letzten" Menschen wird so geradezu zum Signal dafür, daß Gott niemanden von seinem Heil ausschließt, sondern von Grund auf alles in Christus erneuert.

Kirche und Gemeinde sind deshalb die Gemeinschaft derer, die sich Gottes Vorliebe dankbar zu eigen machen und an Gottes schöpferischer Erlösungs- und Befreiungsarbeit entschieden mitwirken dürfen. Wenn Christen und Gemeinden hierzulande weder Kraft noch Mut zum Mitvollzug der Option Gottes hätten und sich dieser Bekehrung verweigerten, so ginge dies an die Substanz der Kirche überhaupt. Mehr als nur ihre Glaubwürdigkeit stünde auf dem Spiel. Deshalb ist das Buchstabieren des Taufversprechens ebenso befreiend wie gefährlich, weil es zu jener Bekehrung einlädt, die der Glaube ist.

In diesem Sinne läßt sich, was in den vorausgehenden Kapiteln entfaltet wurde, in vier Lernschritten konkretisieren. Dabei können Struktur und Inhalt des Taufversprechens noch deutlicher werden. Jedes der vier folgenden Schaubilder will einen Aspekt am Christsein akzentuieren; sie lassen sich nacheinander lesen, man kann vor- und zurückblättern, man kann sie schließlich alle „übereinander" legen und „belichten". Bewußt ist jeweils viel Platz gelassen – zum „Spielen" und „Ergänzen", zum Eintragen von Alltagserfahrungen und Lebenssituationen, zum Verknüpfen mit biblischen Texten und Zeugnissen kirchlicher Geschichte und Gegenwart. Vielfarbig mag so die Summe und Mitte des Glaubens anschaulich werden. Entstehen kann ein Kompaß zur geistlichen Orientierung im eigenen Leben, im Netzwerk der Gemeinde, im kirchlichen und gesellschaftlichen Zusammenhang. Immer geht es dabei um die Einübung in das Geheimnis jener Option, die Gott in Jesus dem Christus getroffen hat und die in der Gemeinschaft des Heiligen Geistes Realität werden will, „für euch und für alle". Jedes Schaubild wird unter dem Gesichtspunkt der Unterscheidung der Geister, der Option also, kurz erläutert.

Schaubild eins erinnert an die Grundhaltung der Christen, teilzunehmen an der Vorliebe Gottes für Mensch und Welt. Schaubild zwei verdeutlicht den Glauben an den dreieinzigen Gott in seiner Unterscheidungskraft, in seinem Ja und Nein, in seiner Zusage und Absage. Schaubild drei verdeutlicht diese Zustimmungs- und Widerstandskraft aus Glauben in doppelter Hinsicht: im Blick auf die persönliche Biographie des einzelnen und die zwischenmenschliche Realität sowie im Blick auf die Gesellschaft im ganzen. Schwerpunktmäßig werden Erfahrungen und Situationen der alltäglichen Lebenswelt benannt. Schaubild vier setzt diese Perspektive fort mit Hilfe theologischer Schlüsselworte, wie sie aus Katechismus und Liturgie bekannt sind. Jedes dieser Schaubilder versteht sich als Vorschlag und Anregung und will in Gruppen sowie in Einzelarbeit fortgeschrieben, verändert und vertieft werden.

Dabei sei ausdrücklich auf ein mögliches Mißverständnis hingewiesen: Die Schaubilder wirken notgedrungen etwas eckig und statisch; sie wollen aber dynamisch verstanden und prozeßhaft übersetzt sein. Die große Senkrechte darf z. B. nicht zu der Ansicht führen, als sei der „wahre" Christ schon ausschließlich auf der Ja-Seite des Glaubens und hätte die Nein-Seite definitiv hinter sich. Solange wir leben, gilt es stets neu, das Nein und das Ja zu sagen und zu leben: Wir sind auf Erden, nicht im Himmel! Und auch die waagrechten Linien sind voll dynamischer Übergänge, wenn wir sie ins konkrete Leben einzeichnen. Was prinzipiell wahr ist und ein klares Ja und Nein erfordert, will im sterblichen Leben stets neu gelernt sein. Schaubilder können nur typische Aspekte bezeichnen, und das Leben und Glauben ist in Wirklichkeit verwirrend bunter und vielfältiger. Immerhin: Einer Landkarte oder einem Grundriß ähnlich, mögen so Orientierungspunkte und Spannungsverhältnisse deutlicher werden.

Schaubild 1:
Die Grundhaltung des Christen

1. Christlicher Glaube kommt vom Hören (Röm 10,17). Wir lassen uns „etwas" sagen und gesagt sein, was wir uns selbst – aus uns heraus – niemals sagen können: daß wir nämlich in allem bedingungslos gewollt und bejaht sind – vorgängig und unabhängig von unseren Leistungen oder Unterlassungen. Christlicher Glaube ist Ant-wort auf Gottes Wort. Sowenig wir Liebe erzwingen, „machen" und verdienen können, sowenig ist der Glaube unser Werk. Er ist Geschenk, Zu-sage, real veränderndes Versprechen.

In Christus „ist das Ja verwirklicht. Er ist das Ja zu allem, was Gott verheißen hat. Darum rufen wir durch ihn zu Gottes Lobpreis auch das Amen" (2 Kor 1,19f.). Im selben Sinne schreibt Paulus seiner Gemeinde: „Er, der reich war, wurde euretwegen arm, um euch durch seine Armut (!) reich zu machen" (2 Kor 8,9). Dies ist Gottes Option, diese Vorliebe ist er selbst. Ihr trauen und sich darauf vollends verlassen heißt glauben. Überall, wo dies gelingt, ist es ein reines Wunder.

Schaubild 1

Die Grundhaltung des Christen

NEIN: Ich widersage	JA: Ich glaube
Ich leugne	Ich bekenne
Ich streite ab	Ich gebe Zeugnis
Ich entziehe mich	Ich stehe ein für
Ich widerspreche	Ich verlasse mich auf
Ich sage ab	Ich stehe zu (und auf)
Ich leiste Widerstand	Ich sage zu
Ich beziehe Stellung	Ich stimme zu
...	Ich bekehre mich
...	Ich verändere mich
	...
	...

2. Diese Zusage Gottes antwortend aufnehmen und innerlich begrüßen, heißt also zuallererst und grundlegend dies: In sein endgültiges Ja-Wort dankbar einstimmen und entsprechend leben (und sterben) lernen. „Die Botschaft hör' ich wohl, allein mir fehlt der Glaube" – so sprechen Menschen auf dem Wege zum Christsein, noch vor der Entscheidung. Wem dagegen Glauben und Vertrauen nicht länger fehlen, der bezeugt dies als absolut nicht selbstverständlich. Glauben heißt also, unsererseits jenem Gott, der sich für Mensch und Welt entschieden hat, eine eigene verbindliche Zusage geben: Ich bekenne, ich verlasse mich auf dich, ich stehe für dich ein, ich nehme mich deiner Sache an, ich binde mich an dich – und dies nicht aus Leistungsdruck, nicht aus Überlebensangst, sondern aus Dankbarkeit und Freude, aus antwortender Vorliebe. Christlicher Glaube, antwortend auf Gottes Option, ist selbst éine Option, eine Lebenswahl.

3. Diese Zustimmung zu Gottes Wort und Tat bedeutet konkret immer auch Ab-schied und Ab-sage: die Kraft des Ja im Mut zum Nein. Glauben heißt eine Wahl treffen, Prioritäten und Optionen realisieren, einschwingend in das zuvorkommende Ja Gottes, das uns durch Jesus und Menschen seines Geistes entgegenkommt. Wer die richtige Musik hört, will tanzen, und er kann es! Fällt das Nein weg, wird das Ja spannungslos und unglaubwürdig; wird das Nein isoliert, entstehen Bitterkeit, Hochmut und Rigorismus. Am schlimmsten dazwischen ist das Jein, die lauwarme Unentschiedenheit. Das Ja-sagen und Nein-sagen im Sinne des Taufversprechens lebt also von dem alles umfassenden, alles tragenden Ja Gottes selbst.

4. So klar die Entscheidung prinzipiell ist, so will sie

doch in einer langen Geschichte erprobt, gewagt und bewährt sein. Das Taufversprechen bei der Kindertaufe wird stellvertretend für das Kind von Eltern und Paten gesprochen. Christlich erwachsen werden heißt, Jahr für Jahr tiefer die grundsätzlich getroffene Entscheidung ratifizieren und realisieren. Vergleichbar jeder anderen verbindlichen Beziehung bedarf stets neu der Bewährung und Erprobung, was einmal entschieden wurde. Glauben ist eine Wandlungsgeschichte, mit Gelingen und Mißglükken. Solange wir leben, ist die Geschichte offen, und keiner kann für seinen Glauben garantieren. Faktisch ist das eigene Leben wie das der Gemeinde (und Kirche) immer ein Acker mit Weizen und Unkraut, wie schon Matthäus formuliert hat (13,24–30). Deshalb braucht es immer neu die Unterscheidung der Geister, und das geht nicht alleine: „*Ein* Christ ist kein Christ." Glauben ist nichts Statisches, sondern ein Prozeß.

Deshalb ist die Senkrechte auf dem Schaubild gestrichelt und durchlässig gehalten, damit nicht der Eindruck eines unverrückbaren Schwarz-Weiß entsteht. Bei diesem wie den folgenden Schaubildern wäre es ein gefährliches Mißverständnis, würden sie als fertige Kästchen und Schubladen gelesen und nicht dynamisch und lebendig. *Nein- und Ja-Seite zusammen* machen die Bandbreite und Spannkraft des ganzen christlichen Lebens aus. Nie ist der glaubende Mensch, solange er lebt, schon ausschließlich nur auf der Jaseite! Und doch gilt: „Euer Ja sei ein Ja, euer Nein ein Nein; alles andere stammt vom Bösen" (Mt 5,37).

Schaubild 2:
Unterscheidungskraft aufgrund des Glaubens an den dreieinzigen Gott

Seit Ostern endgültig, gehört für Christen das Bekenntnis zu Gott und das Bekenntnis zu Jesus untrennbar zusammen. Gerade dies aber ist keineswegs selbstverständlich. Es gibt viele, die an (einen) Gott glauben, aber Jesus nicht als den einzigen und letzten Gesandten Gottes, den Christus und Messias bekennen; es gibt viele, die Jesus als idealen Menschen, als Weisheitslehrer oder Propheten bezeugen, ihn aber nicht so unmittelbar mit Gott selbst verbunden sehen, wie es dem Osterbekenntnis entspricht. Daß man von Gott und Jesus nur in einem Atemzug sprechen kann, ist typisch christlich. Dies aber ist selbst ein Geschenk dieses Gottes, der in Jesus Christus begegnet. Im Heiligen Geist nur, so formuliert etwa Paulus, können wir Jesus als den Herrn bekennen: Ohne diesen Geist, ohne diesen Lebenszusammenhang müßten wir eher sagen, der gekreuzigte Jesus ist der Verfluchte; niemand kann, dank Jesus und mit ihm, Gott mit der zärtlichen Anrede „Papa", „Abba" ansprechen, also Vaterunser sagen und daraus leben, es sei denn im Heiligen Geist (vgl. 1 Kor 12, 1–3; Röm 8, 14–17).

Daß das Taufversprechen von Anfang an trinitarisch gestaltet ist, ist demnach kein Zufall: Gott, Jesus und wir (insofern wir glauben dürfen) gehören untrennbar zusammen, freilich wohl unterschieden. Das trinitarische Gottesbekenntnis ist die Herzmitte des Christlichen überhaupt. Keine andere monotheistische und abrahamitische Religion glaubt so. Für das interreligiöse Gespräch ist dies also von

Schaubild 2

Unterscheidungskraft aufgrund des Glaubens an den dreieinigen Gott

NEIN: Ich widersage		JA: Ich glaube	
Abgöttern, Idolen ...	**Götzen**	**Gott**	Jahwe, Abba, Vater unser ...
Wider-Sacher, Ver-Führer ...	**Antichrist(en)**	**Jesus Christus**	Anführer und Vollender des Glaubens, der Herr ...
(Zerstörerische) Mächte und Gewalten ...	**Ungeist**	**Heiliger Geist**	Lebendigmacher, Schöpfergeist ...

größter Bedeutung. Das trinitarische Gottesbekenntnis hat in der Taufe seinen ganz konkreten
Sitz im Leben. Darin zeigt sich die besondere Vorliebe der Christen für jenen Gott, dessen einseitig
zuvorkommender Option sie ihre Hoffnung verdan-
ken. Dies aber hat Konsequenzen hinsichtlich des Ja
und Nein – auf allen Ebenen des drei-einen Taufversprechens.

1. Die Welt ist voller Götter: Welcher aber ist der
Wahre, der Lebendige, der Einzige – einzig so, wie
Liebende einander sich einzig nennen? Es gibt so
viele Gottesbilder, fanatische und zerstörerische wie
erlösende und befreiende: Welches ist das wahre?
Hier gilt es zu unterscheiden. Genauer gesagt: Hier
gilt es zu entdecken, daß Gott sich entschieden hat.
Die biblischen Schriften sind die maßgebenden
Zeugnisse dieser Entscheidung Gottes; sie doku-
mentieren den Glauben selbst als Entscheidung und
Unterscheidung. Sie geben dem Gott, den sie als den
einzig Wahren bekennen, *besondere* Namen (Jahwe,
Abba usw.) und *bezeichnende* Beiworte (Gott Abra-
hams, Gott Israels, Vater Jesu Christi). Die Unterscheidungskraft des Glaubens zeigt sich darin, an
welchen Gott wir glauben und *welche* Option wir
treffen.

2. In oft schmerzlichen Verlerngeschichten erst
kommt es zum überzeugten Bekenntnis: Der Glaube
an den befreienden Gott, den Bibel und Kirche bezeugen, nötigt zur Abgrenzung von den „anderen"
Göttern, die dann gar als Götzen entlarvt werden.
Besonders die Propheten Israels und nicht zuletzt
Jesus selbst bezeugen in Wort und Tat diese notwen-
dige Unterscheidung. „Woran du dein Herz hängst,
das ist dein Gott *oder* dein Abgott!" Israel hat sich
entschieden, woran es sein Herz hängt – und dies

will stets neu eingeübt, gelernt und entschieden werden.

Jesus tritt als der Entschiedene und Unterscheidende auf, und wer ihm folgt, hat sich entschieden. Das Bekenntnis zu Jesus als dem Christus impliziert notwendig die Entlarvung seiner Wider-sacher, des Antichrists und des Antichristischen. Wenn wir christlich *von* Gott reden, müssen wir auch sagen können, wo die Götzen sind. Wenn wir christlich *zu* Gott reden, dann üben wir damit die Unterscheidung zwischen Gott und den Götzen ein. Wenn wir Jesus Christus als den einzigen Heiland und Anführer des Glaubens bekennen, müssen wir auch sagen können, wo die Verführer sind, die Widersacher, die Antichristen.

3. Gottes Geist ist es, der unter uns das Wollen und das Vollbringen schafft (vgl. Phil 2,12). Im Energiefeld, im Lebenszusammenhang Jesu, in seinem Geist erst können wir ihn als den allein Heiligen und Heilenden bekennen, den Lebendigmacher, der gesprochen hat und spricht durch die Propheten und Prophetinnen. Das Bekenntnis zu diesem Geist, dem Geist Jesu, dem Geist Gottes, nötigt – wiederum – zur Entlarvung von Ungeist, von zerstörerischem Geist, der unheilig ist und kaputtmacht. Das Neue Testament spricht von „Mächten und Gewalten" dämonischer Art. (z. B. Eph 6,10 ff).

Wo solche „Unterscheidung der Geister" im Blick auf den Gottesglauben, das Jesusbekenntnis und die Geisterfahrung nicht realisiert wird, verlieren Christen, Gemeinden und Kirche ihr Profil und ihre Glaubwürdigkeit.

Schaubild 3:
Christliche Unterscheidungskraft im Blick auf die persönlichen und die gesellschaftlichen Verhältnisse

Wer glaubt, gewinnt ein neues Verhältnis zu *allen* Verhältnissen, zu den individuellen *und* sozialen, zu den persönlichen *und* gesellschaftlichen in Wechselwirkung. Nennen wir die erste Dimension die mystisch-therapeutische, denn sie achtet auf die Glaubensdynamik im „Kleinen" der eigenen Biographie und der alltäglichen Lebenswelt; nennen wir die zweite Ebene die politische (natürlich ist nicht die Tages- oder Parteipolitik gemeint, sondern die Glaubensdynamik im „Großen" der gesellschaftlichen Verhältnisse). Beide Dimensionen sind untrennbar voneinander und stehen in vielfältigen Wechselbeziehungen; trotzdem ist eine Unterscheidung sinnvoll, insofern einmal mehr die persönlich-privaten Verhältnisse im Blick sind, einmal mehr die gesellschaftlichen und real-geschichtlichen. Für die Auslegung, Verwirklichung und Verantwortung des Glaubens sind also gleichermaßen notwendig eine tiefenpsychologische wie eine politische Hermeneutik des Evangeliums.

1. Auf der *mystisch-therapeutischen* Ebene (jeweils obere Zwischenzeile in dem Schaubild) bekenne ich mich zu „meinem" Gott mit der ganzen Glaubensgewißheit, von Gott mit einem eigenen Namen gerufen und zu einer eigenen Biographie befreit zu sein. „Du bist mir innerlicher, als ich mir selbst innerlich bin", betet z.B. Augustinus. Meister Eckhart spricht von der Gottesgeburt im Menschen, vom Geheimnis der Selbstwerdung von Gottes Gnaden. In der Mystik wird vollends deutlich, wie sehr der Glaube an Gott

Schaubild 3

Christliche Unterscheidungskraft im Blick auf die persönlichen und die gesellschaftlichen Verhältnisse

NEIN: Ich widersage		JA: Ich glaube	
Gotteskomplex (sein wollen, sein müssen wie Gott zwischen Grandiosität und Depression)	**Götzen**	**Gottmütterlicher Vater**	„Gott in mir", tragender Grund und liebendes Gegenüber, Selbstbewußtsein und Selbstlosigkeit
Vergöttlichung z. B. von irdischen Größen wie Macht, Erfolg, Natur …			Gottes Weltherrschaft in allen Bereichen, Zivilisation der Liebe
Heilandskomplex, hilflose Helfer, falsche Selbstlosigkeit, Selbsterlösung	**Antichrist(en)**	**Jesus Christus**	„Christus in mir", der Heiland, der verwundete Arzt, der innere Meister …
Führerkult, Vergöttlichung von Diktatoren, Inquisitoren, Gurus			Befreier, Weltenrichter
Angst vor der Angst (sterblich zu sein), Gewalt	**Dämonische Mächte Kaputtmacher**	**Heiliger Geist Lebendigmacher**	Ermutigung zur Angst, zum sterblichen Leben; geistliche, prophetische, charismatische Menschen und Beziehungen
Kollektive Verblendungszusammenhänge wie Faschismus, Kommunismus, Konsumismus			Gemeinschaft der Glaubenden, Kirche, Konziliarer Prozeß, geistliche Gemeinschaften, neuer Himmel und neue Erde (Weltreligionen)

zu einem unverwechselbar eigenen, originalen Leben befreit. Die Heiligen zeigen ein schier unglaubliches Selbstbewußtsein, eine außerordentliche Mündigkeit, ein besonderes Stehvermögen, eine entsprechend souveräne Unterscheidungskraft.

Im Lichte dieses Gottesglaubens freilich, im Zusammenhang des ersten Taufversprechens, entdecken wir dann um so tiefer auch unsere (erb-)sündliche Tendenz zum Gotteskomplex: Wir selbst wollen sein wie Gott, wir erleben uns in Konkurrenz, wir flüchten in falsche feige Selbstlosigkeit, wir lieben einander „abgöttisch", wir wollen uns selbst nicht annehmen (lassen) und weigern uns letztlich, Mensch zu werden. Das sind die Götzen in uns und zwischen uns, das ist abgöttische Selbst- und Nächstenliebe, das ist dämonische Selbstverleugnung und Selbstabwertung.

Auch für das zweite Taufversprechen gilt diese tiefenpsychologische Auslegung: Paulus spricht vom „Christus in mir" (vgl. Gal 2,20), und nicht nur die große Mystik nennt Jesus den Freund, den (Seelen-)Bräutigam gar und inneren Meister. In der Begegnung mit dem Christus in mir wird das Geheimnis der Erwählung des Menschen offenkundig; obwohl aus sich heraus so zufällig und hinfällig, so nichtig, ist der Mensch als Bruder und Schwester Jesu unendlich wichtig und kostbar geworden. Wer könnte größer vom Menschen denken und vom Geheimnis seiner einmaligen Biographie? In der Christus-Begegnung in uns erkennen wir freilich auch das Ausmaß unseres „Heilandskomplexes": Wie die hilflosen Helfer, die dauernd Gutes tun wollen und in Wahrheit nur auf der Flucht sind vor sich selbst, besteht ständig die Gefahr, daß wir zwar Jesus als den einzigen Heiland bekennen, selbst aber Heiland spielen wollen für andere und uns entsprechend überschätzen und aufblähen.

Und auch für das dritte Taufversprechen gilt diese existentiale und tiefenpsychologische Dimension: Gottes Geist ist es, in dem ich mich heilen und heiligen lasse; ich darf bei ihm, dem Tröster, bei Trost sein und mich angenommen wissen und selbst annehmen; der Heilige Geist ist es, in dem der Mensch sich mit sich selbst versöhnen lassen kann, auch das Dunkle und Böse annehmen lernt und also heil wird und Heil schafft (vgl. Apg 10). Zugleich aber wird auch deutlich das schreckliche Maß an Ungeist, an Dämonie und Destruktion. Im Lichte des Gottesgeistes wird mir offenbar, wie groß das (erb-)sündliche Ausmaß an Angst, Lüge, Egoismus, ja Gewalt in mir ist. Der „Hitler in mir", der Gewalttäter wird offenbar; der Geist ist es, der Sündenerkenntnis, Sündenbekenntnis und Sündenvergebung gelingen läßt, indem er uns mit unseren Schattenseiten und Abgründen konfrontiert.

2. Auf der *politischen* Ebene (jeweils untere Zwischenzeile im Schaubild) geht es mitten in den gesellschaftlichen Verhältnissen um Gottes Reich und Weltherrschaft. Der Glaube an Gott ist eben nicht gleichgültig gegenüber den Welthandelspreisen, gegenüber Unrechtsverhältnissen und anderen Teufelskreisen. Gottesdienst und Götzendienst wollen klar unterschieden werden (vgl. z.B. 1 Kor 8,4–6). Auf der einen Seite mit der ganzen Kraft der Bejahung der Glaubenden geht es um die Zivilisation der Liebe, um Frieden, Gerechtigkeit und Bewahrung der Schöpfung. Auf der anderen, der Neinseite geht es um Götzendienst, um kollektive Verabsolutierung irdischer Werte wie Erfolg, Lust, Genuß, Macht und was immer. Wer an Gott glaubt, muß sich einmischen

und götzendienerische Verhältnisse entlarven, bekämpfen (und deshalb leider auch erleiden).

Auch für das zweite Taufversprechen gilt diese politische Auslegung: Wer Jesus als den Befreier und Weltenrichter bekennt, setzt seine ganze Hoffnung darauf, daß mit ihm der neue Himmel und die neue Erde schon angebrochen sind und sich durchsetzen werden. Zugleich aber wird im Bekenntnis zu Jesus als dem Herrn offenbar, wo die antichristlichen Widersacher sind – z. B. in Gestalt von „pharaonischen" Herrschern und Diktatoren, von Groß- und Kleininquisitoren (in Gesellschaft, Staat und auch Kirche). Wer sich dem Klima des Heiligen Geistes anvertraut, wer für eine Atmosphäre der Liebe, der Solidarität und Gerechtigkeit kämpft und darin Gottes Atem am Werk sieht, wer an jenen Geist glaubt, der das Angesicht der Erde erneuert, wird zugleich sensibilisiert für all die dämonischen Mächte, die zerstören und kaputtmachen. Jener kollektive Ungeist, jene Verblendungs- und Erblindungszusammenhänge, die Menschen unsensibel und hart machen gegeneinander, sind böse und machen böse. Es gibt ein Klima der Güte, der Empathie und Vergebung; es gibt aber auch das Klima der Angst vor der Angst, des kollektiven Egoismus und Konsumismus, des bösen Rassismus, der Geschlechterunterdrückung und so fort.

3. Wird das Taufversprechen nur auf der individuell-persönlichen Ebene buchstabiert, so kommt es leicht zu einer falschen Verinnerlichung und Privatisierung: Man läßt dann die Welt, wortwörtlich, zum Teufel gehen und meint, sein (religiöses) Schäfchen allein ins Trockene bringen zu können. Gottesglaube aber nötigt, christlich jedenfalls, notwendig zu Nächstenliebe, zu Solidarität und Weltverantwor-

tung bis hinein in die gesellschaftlichen und ökologischen Strukturen! Wo das Taufversprechen nur „politisch" ausgelegt wird, kommt es leicht zu einem politisierenden Glauben und einer moralistisch-rigoristischen Überforderung. Gott allein ist es also, der Menschen gleichermaßen zur „Mystik *und* Politik" der Jesusnachfolge befreit und befähigt. Hier bewährt sich die Spannkraft des Heiligen Geistes.

Schaubild 4: Christliche Unterscheidungskraft anhand von theologischen Schlüsselworten

1. Die beiden Seiten dieses vierten Schaubildes können – freilich nicht schwarz-weiß und dualistisch gelesen! – auch verstanden werden als Erläuterungen dessen, was die biblischen Schriften und die kirchliche Überlieferung einerseits Sünde, andererseits Gnade nennen. Sünde meint dabei immer die durch Angst und Abwehr geprägte Weigerung, an Gottes Liebe zu glauben und sich darauf wirklich zu verlassen – und dies im persönlichen Leben (persönliche Sünde) wie auch in all jenen Verhältnissen und Strukturen, die dem einzelnen vorgegeben sind und die ihn doch prägen (Erbsünde). Für das erste Taufversprechen heißt das: Absage an die Götzen jedweder Art und Zusage an den einzig wahren Gott, Widerspruch allen Teufelskreisen der Lüge und Gewalt sowie Zustimmung zu allen Gotteskreisen zuvorkommender Güte und vergebender Gewaltlosigkeit. Auch die biblischen Unterscheidungen vom Reich des Bösen und vom Reich Gottes, von der Macht der Finsternis und der Macht des Lichtes gehören hierher.

2. Von früh an war es den Christen ein Herzensan-
liegen, Jesus den Namen zu geben, der über allen
Namen ist. Alle Hoheitstitel, die Schrift, Liturgie,
Lehramt und Theologie Jesus von Nazaret geben,
um ihn als den wahren Gott-Menschen zu bekennen, gehören hierher: Jesus der Herr, der Messias,
der Christus, der Weltenrichter, der Heiland usw.
Alle Einzelaussagen zum zweiten Artikel des kirchlichen Glaubensbekenntnisses sind aus diesem Bemühen entstanden, das Besondere, Unverwechsel-
bare und Einmalige Jesu Christi zur Geltung zu
bringen und gegenüber anderen Bekenntnissen
klarzustellen und abzugrenzen. So gehört zum Chri-
stus-Bekenntnis notwendig das Wissen um die antichristlichen Mächte, um den Widersacher und
Gegenspieler von Anbeginn, den satanischen Lüg-
ner und Verführer, „das große Tier" der Geheimen
Offenbarung, die teuflische Gegenmacht in jedweder Gestalt – und wiederum gilt dies für die einzelne
Glaubensgeschichte wie für den Weltzusammen-
hang im Großen und Kleinen. Nicht zufällig beten
die Christen darum, nicht zum Glaubensabfall ver-
führt zu werden – so groß ist die dauernde Gefahr,
den Glauben an Jesus Christus nicht entschieden zu
suchen oder wieder verlorengehen zu lassen.
3. Wo der Heilige Geist ist, da ist Gnade, da ist Vergebung der Sünden, da ist Rechtfertigung und Trost,
da geschieht Erlösung, Befreiung und Versöhnung.
Was im dritten Glaubensartikel eigens bezeugt wird,
gilt für das Glaubensbekenntnis und die christliche
Existenz im ganzen: Sie begreift sich als Gottes Geschenk, als Wirken des Schöpfergeistes, als zuvorkommende Atmosphäre der Güte und Anerkennung. Wo dagegen die „Mächte und Gewalten"
herrschen, die alles vernebeln und verblenden, da ist

Schaubild 4

Christliche Unterscheidungskraft anhand von einigen theologischen Schlüsselworten

NEIN: Ich widersage		JA: Ich glaube	
Sein-wollen-müssen wie Gott ———— Baalsgötter	**der Böse von Anbeginn Teufelskreise Sünde**	**der Gute von Anbeginn Gotteskreise Gnade**	Der „göttliche" Mensch, die Heiligen ———— Gottes Reich Gottes Gericht
Selbsterlösung, Selbstherrlichkeit, „verkrümmt in sich selbst" ———— „Pharaonische", „teuflische", „totalitäre" Verführergestalten	**Antichrist(en) Unheil**	**Jesus Christus Heil**	„mein Herr und mein Gott", der innere Meister ———— Weltenrichter, Befreier und Erlöser, Retter der Welt
Verschlossenheit in Angst, Stolz, Abwehr; Sünde ———— Sünde der Welt, Kollektive erbsündige Strukturen der Gewalt, der Lüge und alles Bösen	**Dämonische Mächte**	**Tröster Heiler Versöhner Heiliger Geist**	Vergebung der Sünde, Gnade, ewiges Leben, Gaben und Früchte des Heiligen Geistes ———— Heilige Kirche der Sünder, Versöhnung der Welt, Erneuerung des Angesichts der Erde

der Ungeist am Werk: geistliche Innenwelt- und Umweltverschmutzung, die alles und alle belastet. Nicht zufällig gebraucht das Neue Testament in diesem Zusammenhang militärische Bilder des Kampfes, um die harte Notwendigkeit der Unterscheidung der Geister christlich zu veranschaulichen (vgl. Eph 6,10–20). Das kirchliche Credo spricht vom Schöpfergeist, der lebendig macht und der mit dem Vater und dem Sohn zugleich angebetet und verherrlicht wird. Entsprechend ist auf jene Mächte und Gewalten zu achten, die kaputtmachen und durch die sich Menschen den Tod holen und den Tod bringen. Vor allem der Apostel Paulus schärft immer wieder ein, wie sehr Sünde als gottloses und menschenfeindliches Leben zusammengehört mit dem Tod, den wir uns und anderen zufügen.

Vorschlag zum Schluß (und zum Anfang)

Formulieren Sie nun – nach dem „Spielen mit den vier Schaubildern" – das Taufversprechen neu: in Ihrer eigenen Sprache, im Alphabet Ihres Lebens, mit den Farben Ihrer Erfahrungen! Und sprechen Sie mit anderen darüber! Entdecken Sie Ihre Dolmetscher- und Übersetzerqualitäten: zwischen der Sprache der Bibel und unserem Sprechen heute, zwischen der Sprache der kirchlichen Tradition und ihrer Katechismen und den Worten von heute, zwischen den Texten und Kontexten von damals und jetzt. In solcher Mehrsprachigkeit wirkt der Heilige Geist. Und immer geht es um das Ja und das Nein, um den Glauben an jenen Gott, der das Heil jedes Menschen will und schafft.